授業力上達の法則3
向山の教育論争

学芸みらい教育新書 ⑱

向山洋一
Mukoyama Yoichi

学芸みらい社

まえがき

「論争」は教育に不可欠の要素である。「論争」は喧嘩でもなければ、罵り合うことでもない。「論」を「争う」ことである。「論」はある事柄に対する見解のことであるが、「論」は根拠に支えられているべきである。

「論」を「争う」ためには、異なる「論」が存在しなければならない。それぞれの「論」は、別の「論」の「批判」になっているはずである。

「論争は教育に不可欠の要素である」というのは、主として次の理由による。

> 一　多くの子供たちに対応できる教育システムを必要としていること
> 二　よりよい教育の方法・技術を追究できる研究システムが必要なこと

学校は多くの子供を預かる。様々な事情・個性の子供を預かる。多くの子供たちに対して、「一つの方法」だけでは対応しにくい。それぞれの事情・個性に応じて様々な学校の対応があるべきである。もちろん、学校としてある一つの方法を選択することはあり得る。しかし、どれほどすぐれた方法でも「一つの方法」に不適応を起こす子供が生まれる。不適応は子供が悪いのではなく、「一つの方法を」強いるところに無理があるのである。そのことを分かっていて、なお「一つの方法」をとる場合も生じるだろう。その場合、一つの方法に不適応を起こした子供を責めてはいけない。学校には異なる意見が存在し、異なる意見に支えられた一つの方法が採用されることが大切である。

教育の方法・技術は様々ある。ところが皆が同じことをしていたのでは、どれがよりよいのかは分からない。異なることが、複数の「事実」から存在するから、よりよい方法へ接近できるのである。名探偵・刑事が、一つ一つの小さな「事実」をつきあわせ、「事実」間の矛盾を追究する中から、事実に到達するのに似ている。様々な「事実」によってこそ、事実に到達できるのである。

教育技術法則化運動は本書で示したように、戦後最大と言われる「出口論争」「跳び箱論争」の中から誕生した。

「跳び箱を跳ばせられることが、教師の常識にならなかったのはなぜか」問いは、これだけ、ただの一つである。教師ならこの問いにこだわるべきである。研究者なら、この問いに答えるべきである。

法則化運動は、たった一つの問いを追究し続け、その問いに実践的に応える形で誕生した。「ハウツー（と非難された）法則化」は、実は戦後最大の教育論争が生み出したものであるのだ。だから、法則化はもともと理論志向である。しかも、実践と結びついた、事実と結びついた理論のみを追究しているのである。最後に、論争するための心得を示す。

一　具体的に論じ、代案も用意せよ

二　相手よりも広く深く調査せよ

三　中心の問題をこそ論点とせよ
四　人に対してではなく、論に対して批判すること
五　謙虚であること
若き教師諸君が論争を恐れず、自ら、実践家としても、理論家としても成長されていかれんことを願っている。

向山洋一

目次

第1章

新卒から五年目の論争
——教師修業の途上で

1　校内の異なる意見を組み立てる――新卒三年目

大学を卒業した私は羽田飛行場に近い大森第四小学校に赴任した。一九六八年の四月である。

私は三年生の担任となった。三年生は四クラスあって、同じく新卒の女性が隣のクラスだった。

二週間ほど過ぎた頃だろうか、「新卒の女性のクラスが騒がしい」という話を聞いた。「廊下に貼り出した子供の絵も画鋲二つで留めてあってヒラヒラしている」と教頭に批判された。

新卒の教師には、画鋲一つさえどうしたらいいのか分からない。一通り用具をもらっても、不足してしまうことはよくある。

女性の新卒の先生も画鋲が不足していたのだと思い、私は事務室にもらいに行った。ところが「画鋲はない」と言うのである。そのクラスの絵は、その後も二つの画鋲で留められ、ヒラヒラしていた。

それから一週間後、四月の終わりの頃に「歓送迎会」があった。寿司屋の二階で酒宴となった。

座が崩れてあちこちに円陣ができた頃、教頭は私の前で、同じ批判をした。「画鋲二つとは何事か」と言うのである。隣のクラスのことではあるが、私は「事務室に画鋲をいただきに行きましたがありませんでした」と答えた。

教頭は「そういうのは、予算書で出しておくものなのだ」と言った。

新卒の私に、そんなことが分かるはずがない。私は、頭に血がのぼった。

「私が知らなかったのがいけないのかもしれない。しかし、たかが画鋲じゃないか。そのくらい用意しておくのが教頭の仕事だろう」と反論した。

激論となった。若い事務主事が、とりなすように、収めようとした。私は止められないほど興奮していた。

「事務主事だって悪い。画鋲一つ用意できないのなら、辞めた方がいい。私だってそんなことを知らなかったのだから辞める。今、ここで辞表を書く。だから、あなたも辞めろ」

そのように怒鳴っていた。私は泣いていた。

自分の生きる道があると思って入ってきた教師の道は、思いのほかくだらない所だったのだ。「怒り」でワアワア泣いていた。

校長の石川正三郎氏は遠くで談笑していた。「校長、来い」と私は叫んだのであるが、聞こえなかったのか、こちらには来なかった。

これで校長まで来ていたら大変だったろう。

これが、教師になって初めての私の論争である。「論争」というより喧嘩だったかもしれない。当時の人々と席を共にすると、今でも言われることである。

なお、この年に石川校長は、教頭によるどんぶり勘定であった学校会計を、全員の合議による予算編成へと、画期的な変更をなした。

二年目の私は「評価委員会」に属し、責任者となっていた。

当時、テレビ番組が発端となって「通知表問題」が全国を駆けめぐっていた。「固定した評定人数」「画一的な評定」などが批判されていたのである。

学校の中の様々な意見をまとめて、一つの具体的な方向を打ち出すべき立場に私はなった。

三年目からは、本格的な活動を開始した。いったい私はどんな方法、論争によって、様々な意見を一つの内容に集約していったのだろうか。

私が提案した文書で示していきたい（改定したものがどんな内容の通知表であったかは、紙幅の関係でここではふれない。このような資料は、すべて『向山洋一実物資料集』に収められている）。

一　まず問題の整理と一年間の方向である。新卒三年目の教師としては、端的に示していると思う（以下の文書はすべて私が書いたものである）。

四五年度通信簿の取り扱いの協議

一九七〇・四・二二　大四小評価委員会

評価委は、現行通信簿の問題点と、教育評価の視点について、一月二二日に文書・口頭で報告を行った。

評価委は、通信簿を改善するという職員会議の意向をくみ、その方法について協議した結果、次のような意見に到達した。

問題点

①　現行通信簿は各種の問題点を含んでいる。

②　改善する方法は、様々ありうる。

③　改善通信簿にも理論的、実践的裏付けが必要である。

方法

① 各学年一教科以上を、評価研究教科として取り上げ、改善の評価方法を用いて実践する。

② その際、現行通信薄を使用し、研究教科のみ記入方法を変える（別に用意することもありうる）。

③ 来年度、それをもとに全面的に考える。

（※ 評価委は継続。欠員は補充。※ 保護者によく説明し了解を得る）

提案事項

1 本年度を研究期間とする。

2 研究方法は右記方法の部分とする。

二 次は各学年会の検討、実施の方向についての報告である。各学年の主張、研究方法は様々。当時の私は、そこから出発した。

昭和四五年度評価委員会　第一回報告　一九七〇・七・一　大四小評価委員会

1　各学年の状況

	各学年の討議状況	**どの教科を取り上げるか**
一年	例年通り一年用の評価項目	絶対評価一年一学期
二年	絶対評価が望ましいと思うが、実際的には、柔軟性のある相対評価	国語（三段階絶対評価？）
三年	原則として絶対評価が望ましいのではないか。 体育・音楽・図工の問題	体育（項目分類、三段階絶対評価）
四年	未定	未定

五年	現行相対評価の欠点をなくす努力が必要。絶対評価の理論的優位を認めるも、評価基準、内容基準への疑問・問題	算数・理科・社会部分的教担制なので ①絶対評価の加味 ②学年全体としての評価
六年	子供の励みになるような評価に	算数は、思考、理解、技能に分けて絶対評価的方法で研究してみる。一斉テストを基礎資料として利用
専科	絶対評価加味の必要(現行への疑問) 自己評価の付加 目的達成度での評価	図工・家庭・音楽ともに三段階評価(項目別)による研究

2　内容、形式面での最小限確認事項

(1) 各学年・専科の研究方向は、絶対評価を主体としたもの。

(2) 絶対評価の場合は、評価項目、客観的基準の作成。

(3) 研究教科の評価欄は、通知表から削除。代わりに一学期毎に一枚に印刷した評価欄を付加（三段階、4専科サンプル参照）。

(4) 家庭で理解してもらう配慮。

3 ねらい

「評価が教育的価値と効果を真に持つようにする」ために研究的に取り組む。

（※「評価」は一応「評定」を含むとする）

4 専科サンプル

		よく努力した	努力した	もっと努力しよう
図工	発想の段階			
	活動の段階			
	作品の段階			
家庭	技能			
	知識			
音楽	唱			
	笛			
	楽典			

三　また子供たちに対する実態調査も、次のアンケート項目で実施している。子供向けに平仮名で作成した。

つうしんひょうについてのアンケート 一九七〇・九　大四小評価委員会

1　つうしんひょうをわたされるときの　きもちはどうですか。

(1)　てんが　あがっているといいな。

(2)　どきどきする。

(3)　てんが　さがっているといやだな。

(4)　なんとも　おもわない。

(5)　そのほか

2　どこを　いちばんさきにみましたか。

(1)　べんきょうのところ。　(2)　おこないのところ。

(3)　そのほかのところ。

3　じぶんのおもったことと　つうしんひょうは　あっていましたか。
(1)　ぴったりおなじだった。　(2)　だいぶちがっていた。
(3)　だいたいおなじだった。　(4)　ぜんぜんあっていなかった。

4　つうしんひょうをみて　どうかんじましたか。
(1)　うれしかった。　(2)　がっかりした。
(3)　なんとも　おもわなかった。　(4)　そのほか

5　つうしんひょうをみて　どうおもいましたか。
(1)　もっとしっかりやろう。　(2)　いままでどおりつづけよう。
(3)　べんきょうするきがしなかった。　(4)　どうせおなじだとおもった。
(5)　そのほか　おもったことを　かいてください。

（　　　　　　　　　　　　　　　　　　）

6　つうしんひょうを　うちにもってかえって　どうしましたか。

⑴　じぶんから　すすんでみせた。

⑵　うちのひとから　みせなさい　といわれてみせた。

⑶　いつまでも　みせなかった。

⑷　そのほか

7　うちのひとは　つうしんひょうをみて　どうしましたか。

⑴　ものをかってくれた(どこかにつれていってくれた)。

⑵　ことばでほめられた。

⑶　しかられた。

⑷　もっとしっかり　べんきょうしなさい　といわれた。

⑸　くよくよしないでいい　といわれた。

⑹　なんともいわれなかった。

⑺　そのほか

8　つうしんひょうはあったほうがよいですか　ないほうがよいですか。

(1)　あったほうがよい。

（そのわけ　　　　　　　　　　　　　　　　　　　　　　）

(2)　ないほうがよい。

（そのわけ　　　　　　　　　　　　　　　　　　　　　　）

(3)　そのほかなんでも　つうしんひょうについて　おもったこと。

（　　　　　　　　　　　　　　　　　　　　　　　　　　）

四　一年間の研究を経て、次の年は方向について提案した。一年目は「研究する」という提案であり、二年目は「学校独自で作成する」という提案であった。

> 来年度通信簿の基本的方向について
>
> 一九七一・二・九　大四小評価委員会

今年の反省（学年討論のない所は、個人意見）

●今年度の通信簿形式を、次年度以降も行いたい。具体的評価であり、保護者、児童ともに分かりやすかった。個々の評価項目では、問題に残る点もあり吟味の必要あり。

●分かりやすくてよかったと思う。芸術教科等は、5段階相対評価だと、現実の教育活動とずれが生じるようであり、どうしても絶対評価にならざるをえない点があるように思う。

●算数の評価を自作テストを基本とし、平常点なども加味して行ってきた。

●知識の量の評価以外は、種々の評価方法が必要のように思う。

●全体的な科目についても、行いたい。

●体育の項目を細分化したことにより、子供たちが意図的に努力するようになったと思う。教師の指導の点でも役立ったように思われる。

●他教科への普及は、余裕があればやっていきたい。

●教科担任制で、学年を通して評価するという点から、実際問題としてたいして負担になっていない。評価項目の内容を、さらに具体的にし、相互の関連を明らかにすることが必要であり、そのことを保護者・児童にも十分理解してもらう手立てが必要のように思う。

●現在の評価は、以前のものに比べたら、よいということができるであろう。絶対評価を行っており、学年を通してつけるため、クラス差は生じてくる。個人内評価は四分の三程度の者は教師と一致し、残りがちがっている。ひどくちがう場合は、両者で話し合っている。現在の評価の方が、よいと思われる。

> 評価事項……来年度通信簿の方向
>
> 原案（評価委員会）
>
> 従来の5段階評価の通信簿を使わず、学校独自で作成する。内容については四月下旬までに学年会討論を経て、職員会で決定する。

提案理由

1 三年間の研究を経ても、決定的意味で、どのような評価方法がよいかは、断定しかねる。

2 この間の研究・実践で、従来のものより現行の方がよいのではないかという点は、多くの学年、先生が出されている。

3　来年度も、今年度と同じ方法での研究を続けることは、保護者・児童・学年間での統一を欠き困難をもたらす。

4　現在の研究を一歩進め、学校全体の研究、実践上の統一を保持し、明らかになりつつある成果を実践するという点で、原案を提案する。

討論事項……	三段階絶対評価を基本とする教科
A案	音楽、図工、体育、家庭
B案	音楽、図工、体育、家庭、算数
C案	全教科

注一　A・B案が出る根拠は、時間的余裕の問題と、現実に明らかに三段階に移行できるものから出発すべきだという点にある。

注二　A・B案の場合は、教科担任制、自己評価、個人内評価等の学年事情、発達段階にもとづくものを加味してよい（一年は当然全教科になることが考えられる）。

注三　学校独自で作成する場合、四月中に通信簿内容の決定、五月中旬に表紙も含めて最終決定の上、発注の手続きが必要である。

五　その後、次々と具体的に提案して学校独自の通知表を作成した。

昭和四六年度第一回
評価委員会報告

一九七一・五・一二　大四小評価委員会

○評価委構成メンバー
教務主任・伊関（一年）原田（二年）藤平（三年）山口（四年）中野（五年）向山（六年）土田（音専）佐藤（家専）三浦（図専）寺田（理専）
評価委員長　向山　　書記　伊関
○通知表作成上の課題

a　評価（評定）方法……主として絶対評価 or 相対評価（かねあい）
b　評価段階……2段階、3段階、5段階、10段階
c　観点別評価 or 単元別評価……教科によるちがい
d　行動の記録欄
e　個人内評価欄の設置？
f　児童評価（自己評価）欄？
g　その他

○通知表作成過程

五月一四日　学年会　右記項目に対する検討
五月二一日　学年会　評価項目欄の作成
五月二六日　教科部会　教科毎に評価項目欄の検討
五月二八日　学年会　評価項目欄修正
五月三一日　評価委　通知表作成課題の検討
原案作成

六月二日　職員会　昭和四六年度通知表討議、決定
※ 以後二週間以内に、表紙作成等の実務を終えて、印刷所に発注

◇提出用紙（通知表作成上の課題への学年見解）　四年
ⓐ 目標と評価の基準を明確にして、絶対評価がよいと思う
ⓑ 主として、3段階
ⓒ 観点別、全教科にわたって
ⓓ 学年目標に照らし、作成したほうがよい。全人格評価として
ⓔ 全教科にわたっては難しいが、特に努力がなされている場合、努力欄を作ってみてはどうか
ⓕ 作るといい
ⓖ なし

（※ 提出用紙の文面は当時の四年生のものである）

昭和四六年度通知表最終提案
一九七一・六・九　大四小評価委員会

1　表紙

内容　年度　本校教育目標　学年組氏名　番号

　大田区立大森第四小学校

備考　レイアウト（三浦）

検討事項　表題　あゆみ

2　教科欄etc.

内容　教科欄（別紙学年別に提案）　校長・担任・保護者印欄（三学期保護者印欄削除）　学校から家庭への通信　家庭から学校への通信　児童活動

備考　構成左記の通り

イ　段階用語　よい　だいたいよい　ややおくれている
ロ　紙面構成　ハ　努力欄
3　裏表紙
内容　修了証書／出欠の記録／校長・担任名
修了証書文面
〜メモ〜

＊　＊　＊

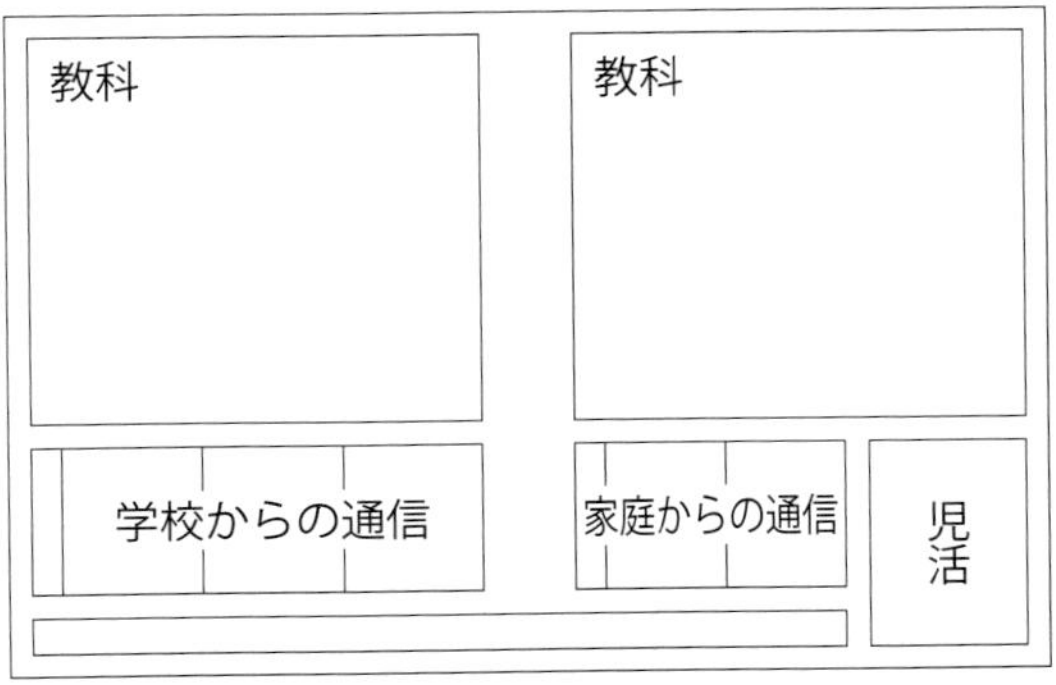

以上、学校内の異なる見解を一つにまとめあげて、学校独自の「通知表」を作った実践を示した。

当然、意見のちがいもあったし、論争もあった。だから、準備期間も含めて三年間かかったのである。

学校では、一度変更されたものは、何年間にもわたって続けられる。いずれ、その時の流れに合わなくなるまで続けられる。だから「一つの方法」を決める時は、慎重にならざるを得ない。思い付きで、バタバタ決めてしまうのは慎むべきである。

多くの教師の意見が表明され、異なる意見をまとめあげて、「一つの方法」が選択されるべきなのである。

六 このようにして決めた「学校独自の通知表」であるが、「すべてよかった」とは言えない。

問題点も生じる。

それから三年後の評価委員会の提案を示す。私は、その時も評価委員長であった。

あゆみについて

一九七五・二・二四　大四小評価委員会

〈問題点の要約〉

1　生活面での評価を文章表現にすると、きつく書けない。

2　段階の表現を研究する必要がある。

3　あゆみのとらえ方がまちまちである。

〈討議（解決方向）〉

1　文章表現が望ましい。

2　今後の研究課題とする。

3　共通理解をする場を必ずもつ。

〈提案（討議事項）〉

A　次年度あゆみは、本年度の内容を継続する。ただし、評価項目の部分的改訂は学年・専科を中心にすすめる。

B　水泳等、学年間で調整する必要のあるいくつかの項目は、教科研究部が中心となって調整する。

過去の職員会の決定事項

◎一九七一・六・二八　全員一致で決定

ⓐ　教科の評定は、教科毎の評価項目の純粋な達成度によってのみ行い、学習態度・努力等を含めない。

ⓑ　評定は絶対評価を基本とする。評定は、当該教科担当教師に最終的にまかされるが、同学年内における著しい不均衡はさけなければならない。ただし、明白に差がある場合は、この限りではない。

ⓒ　ⓑ項の調整は学年会、合同学年会で定める。教担制その他の場合も、これに準じる。

〈評定段階の確認〉

ⓐ　A段階は安定して、当該学年に到達していることを示す（必ずしも、優秀であるということではない）。

ⓑ　B段階は、当該学年の目標に、ぎりぎりに到達していることを示す（教師として

妥協できる限界を示す)。

ⓒ　C段階は、B段階以下を示す。

◎一九七二・六・七　全員一致で決定

ⓐ　評価項目は、観点別、または単元別とする。具体的な内容が保護者には分からないので、必ず学年通信等によって、本学期の評価内容・評定基準を知らせる。

ⓑ　人格にかかわる評価は、数値、記号では行わない(積極的である等という内容は、記号化するのになじまない。ある部分とはいえ記号化する形での人格評定はさけるべきである)。

＊　＊　＊

ⓑの項目は、あとで読み直しても、大切な確認であったと思う。それまで人格にかかわる評価があったが〈例：公平さB〉、私はどうしても、それを取り除きたかったのである。

2 「全国的論争」に投稿する——新卒四年目

学生運動に挫折した私は、何も勉強していない状態で教職についた。今からおよそ五〇年近く前、一九六八年四月のことである。

当時は、高度成長の最中であって、優秀な学生はほとんど企業に就職した（と言われている）。だから、私のような者も教員採用試験に通ったのであろう（東京学芸大学の同級生で採用試験で落ちたのは一人だった。その一人も二次試験で受かり、後に指導主事になった）。

東京学芸大学をビリで卒業した私が、どのような教師生活を始めたのかについては、拙著『小学三年学級経営——新卒どん尻教師はガキ大将』（学芸みらい社）に詳しい。

当時の私は、学生運動に挫折したとはいえ、まだ「民間教育運動」に対する「あこがれ」は持っていた。

「教え子を再び戦場に送るな」という教師の良心と熱意が、そこにはあると信じていたのである。「良心と熱意」がある以上、すぐれた教育実践も作られているはずだと思っていたのである。

私は、「社会科」の民間教育運動としての「歴史教育者協議会」（以下、歴教協）に入ろうと思っていた。が、その決意はすぐにぐらついた。教育研究集会の場での「教科研―歴教協論争」のためである。

主張にしても、実践にしても、圧倒的に教科研社会科部会がすぐれていた。レポートの厚さからしてちがう。現在の法則化レポートのように五〇枚も六〇枚も出されるのである。「前の研究会で、歴教協の方に、授業が見えないと言われましたので、授業記録を付けてきました」という具合である。

一方、批判する側の歴教協の実践家は、数枚のペラペラの提案であった。中には、口頭発表をされた全国常任委員もいた。

これだけなら、まだしも「しかたがない」とも思う。がまんできなかったのは、ペラペラの提案をした歴教協の人々が、教科研の人々を見下していたことであった。唯一絶対の教義をよりどころとする人々の、一種独特のおしつけがましい尊大な態度――これはがまんできなかった。

歴教協の人々が、自分たちの実践のみすぼらしさを認めていたら、当時の私は歴教協に入っていた可能性が高い。

私と民教連の実践との最初の亀裂はこの時に生じた。

もしあの著名な実践家が口頭発表でなく、さすがと思える発表を文書でもしていたら、もし歴教協の実践家が自らの実践の貧弱さを省みるだけの余裕があったら——私は「民教連の向山」であったかもしれない。

教育研究集会を見て、私の歴教協への熱は冷めた（が、未練たらしくその後、北海道の大会にも参加するのだが……）。教科研社会科部会の実践に引き付けられていった（このグループの実践は、後に「ものをつくる授業」に発展していく）。

リーダーの白井春男氏に、教科研に誘われたのであるが、結局私は、自分たちで作った小さな研究会で研究を続ける道を選んだ。小さな研究会が「京浜教育サークル」であり、現在のＴＯＳＳ中央事務局である。

さて、話を新卒時代に戻そう。

当時、教育研究集会の場では「教科研」と「歴教協」が、「自主編成」をめぐって論争を続けていた。

歴教協は「教科書の一部修正」を基本とする立場であり、教科研は「教科書の一部修正」を認めつつも、「全面構築」も志向していた。

この当時、歴教協の原忠彦氏は『民主主義教育』第四号に、教科研批判を載せた。私は、この原氏の論文はおかしいと思った。教科研の提案を歪曲しているからである。

教科研に引き付けられていた私は、原忠彦論文に対する批判を書き、同誌に投稿したところ第七号に載せられた。小さな雑誌に載った論文なのだが、藤岡信勝氏はこの論文を記憶されていたという。

十年ひと昔というが、その数倍も昔の論文である。当時とは世の中もずいぶん変わってきて、理解しにくい点もあるかもしれない。しかし、新卒三年目の私が、それなりに精一杯考えて書いた論文であることは事実である。

向山実践の一つの通過点としてご紹介しようと思う。

〈投稿〉
教育課程の自主編成とは――原論文への批判――

（本論文は、本誌四号の、教科研社会科部会への批判を含む原忠彦論文〈「教科書批判と教育課程の自主編成」〉に対する批判として投稿された。原論文掲載に当たって、編集部は「同部会から意見が寄せられる」ことを希望しておいたので、部会員のものではないが、部会の考え方に近いものと考えて、掲載することにした。――編集部〈初版時、注〉

一　はじめに

教育課程の自主編成をめぐって、教科研（社会科部会）と歴教協の間で、意見のくいちがいが論じられている（注1）。基本的には、教科研の自主編成に対する波紋として現れているのだが、教研の場では感情の確執も見られるほど事態は深刻である（注2）。新卒一年目に都教研に参加し、司会をした私はあまりにも大きな断絶に唖然となったものである。その時初めて、私は教科研の存在を知った。その後三年はどの全国的研究団体にも属さず、二〇名ほどの教師・研究者による研究実践を行ってきた私は、あの論争の行方を注意深く見てきた。そのような出会いと、感心を持っていた者として、原論文に対する意見を述べてみたい。

二　原氏の教科研批判と自主編成の見解

原氏の論文は、まず次の二点で教科研を「批判」している。

第一は、教科研は「『一般的な人間の歴史の学習をもとにしないで、公害問題を取り上げても科学的認識を深めることはできない』と主張して、まだ公害問題を取り上げていない」が、このような学習で果たして「七〇年代にふさわしい教育といえるだろうか」ということである。

第二は、「『検定教科書の批判的使用にとどまるならば、しょせん文部省的価値観のレールの上を進むにすぎない』とも『批判』しているが、そうだろうか」ということである。

原氏の自主編成に対する見解は、次の三点にまとめられる。

第一は、「自主編成とは検定教科書を批判的に検討する中で作られ」、また「検定教科書を使用することは、虚偽と真実を識別する力をもたせるためにも必要」で、原氏は、「自主編成にあたって、できるかぎり検定教科書を利用することにしている」ということである。

第二は、「自主編成とは、民族的課題、地域住民の課題を教材化するために、すぐれた教育内容・方法を探求し続けることである」ということである。

第三は「自主編成とは、教師が中心となり、保護者・地域の民主勢力、さらに日本の民主勢力の支持のもとに行う」ということである。
これらの原氏の考えは、全体として教科研への批判にもなっている。原氏の論文は、昨年の二〇次教研東京集会への氏のレポートをもとにしているが、その中には、この論文に加えて次の一文があった。
「自主編成とは、教科書を無視し、『科学』の名の下に、無国籍的な一般公式のおしつけに自己陶酔することではないだろう」(注3)
ここには、もっとはっきり氏の教科研「批判」が表れている。さらに、このような批判は、都教研の場で、幾度となく歴教協の人々によってなされてきたことでもある。

三　教科研「批判」への批判(一)

公的な文章で批判をするためには、ぜひとも正確さが必要だが、原氏の批判には、事実誤認ないし事実歪曲があるようである。

第一の「公害をあつかわない」という批判は、明らかに事実とちがっている。昨年の二〇次都教研での教科研のレポートの中では、次のように明記されているのである。

「現代の大きな問題である公害や沖縄については、歴史の中に位置付けて、現代社会の授業で取り上げています。歴史の基本像をとらえる学習を積み上げた上で、現代の資本主義社会を学習し、そこに当面する課題を位置付けました」(注4)

この集会には、原氏も参加し意見を述べていた。しかもこの報告者は、全国教研の正会員に選ばれるほど注目を集めていた。その時原氏もさきのレポートをもって参加し、事実誤認を批判され反論もされたのである。しかし、それを訂正しないのみか、新たに「公害学習をしていない」という一文まで付け加えて本誌に発表しているが、それはあまりにも無責任であると言わざるをえないのである。

さらに、その教科研のレポートには公害のみならず、ベトナム・基地・安保・沖縄などの当面する現代の重要課題の教材が示されていた。これでも「公害を学習しないで、七〇年代にふさわしい教育といえるだろうか」などと、大上段にふりかざした批判が言えるだろうか。

また、教科研の人々は、原氏の言うように「一般的な人間の歴史をもとにして……」などという意見を述べたのではなかった。

「公害の学習は、どの段階で可能であり、それは全体のどこに位置付けられているのか」という質問を教科研の人々はしたのである。そして全体の位置付けがなかったり、公害学習の前提について考えていない実践に対しては（ほとんどがそうであったが）、その実践を一応評価しつつも、「不十分ではないのか」という批判を教科研の人々の傍聴者はしたのである。これは、教育の中で公害を取り上げる以上は、当然のことであろう。「公害の科学的考察には、公害発生の自然的・社会的メカニズムを理解させること」（注5）が必要であり、その理解のためには学習の蓄積や、全体の位置付けが必要であるからだ。そして「高校生が公害の被害の深刻な現実に対して素朴な受けとめ方しかできないということは、義務教育の期間に、社会の事実の本質的理解に役立つ教育が行われていないことを示している」（注6）という意見に、我々は耳を傾けなければならないだろう。

四　教科研「批判」への批判(2)

検定教科書の批判的使用に対して、原氏が言うように、それが全く無価値であると教科研の人々が言ったことはない。原氏の文では重大な誤解を生ずるので、教科研の人の文を引用しておこう。

「真に子供の学習権を保障しようと思うなら、自主編成によって、我々自身が、真に望ましい体系と内容をつくり出すしか道はないと思う。その出発は教科書の記述のまちがいを正すとか、欠けた部分を補うとか、別の資料をもってくるというところからはじまるであろう。しかし、自主編成運動を教科書の一部修正という考え方にとじこめてはまちがっていると思う。一部修正したからといって、子供の学習権は満たされるものではなく、全体系を根本的に変えない限り、我々の責任を果たすことはできないと思う」（注7）

これで明らかなように、教科書の批判的使用を自主編成運動の一つとして評価しているのである。しかし「真に子供の学習権を満たす」ためには、全面的な改訂が必要であろうと述べているのである。これは、何も社会科だけのことではない。他の教科の自主編成運動にも、こうした方向は明確にある。

「教師は教科書を教える。すぐれた教師はそれに満足できなくて、教科書をはなれ、あるいはそれを自己流に解釈して教える。しかし無理は長く続かない。教師は教科書に帰る。そしてそこで死ぬのである。死にたくないならば、教師は自分たちの言葉で書いたテキストをもたねばならぬ。ほかに生きる道はない。それが七〇年代の理科教師である」（注8）

「今後の教研の方向として、教科書にとらわれず自分の頭で考えていくことが自主編成

であることを確認した」（注9）

原氏をはじめとする東京歴教協の多くの人々は、教科書を離れるのは誤りであるとの発言をしばしばしてきたが、これとはちがって、全面的自主編成を志向する意見は歴教協の中でもみることができる。歴教協二一回総括大会では、「もっと系統的な歴史教育が必要」（注10）という意見が出ているのである。また、「教育課程というものは、政府がつくるものではない。北海道の教育課程は、私たちが、地域と子供の現状をふまえて、つくるものだ。」（注11）という点をふまえ、北海道・上の国サークルの「小学校社会科の構想」（注12）というすぐれた自主編成が行われ実践されている。これは全く教科書から離れた教育課程であり、この骨子が「歴史地理教育」（注13）に載せられるや、多くの同感の通信が同誌によせられたのである（注14）。

原氏はこうした事実と、山下国幸氏が、氏の「歴史教育のカギ」に迫り、それを抜く実践があらわれるのを心待ちにしていると発言していることを、もっと深く受け止める必要があるのではないだろうか。

原氏の言うように、自主編成が「教科書批判の中で」行われなければならない理由は何なのだろうか。残念ながら氏は、この肝心な課題にふれていない。しかし、もし理由が明らかにされても、私は教科研の言うように「自主編成を教科書の一部修正にとじこめてはまちがっている」という意見の方が、明らかに正しいと思うのである。そうした教育実践の多様性も含めて、日教組は自主編成についてのパンフレットと本の中で、教科研の実践を評価しつつ紹介している。(注15)

また、昨年一一月の新聞都教組には、「自主編成についての一問一答」(注16)が報道され、これには教科書の修正の方法しか自主編成の方法として紹介されていなかったが、今年五月の都教研の総会を報じた新聞では、都教研事業目的の第一として「自主的教育課程を全面的に編成するための研究」(注17)ということが載せられるに至っている。

こうした最近の研究の方向は、今だけのことではなかった。戦前の新興教育運動の中でも、「公教育の教育内容批判(特に国定教科書批判)から、労働者。農民の側からの教授方針・教授教程の作成という運動の流れ」(注18)は、基本的な方向の一つとして各地に存在していたのである。あの困難な時期に起きたこうした運動が、現在高く評価され、その発展的継承が言われている時、原氏の意見は、それから後退するような印象さえ受けるのである。

あの歴史的な「杉本判決」についてふれたレポートは、二〇次都教研の歴教協の数多くのレポートには、一つとしてなかった。教科研のレポートが、どれも「杉本判決」を教師としてどう受け止めたかを述べていたのと、異様なちがいとなっていた。むろん、都歴教協の人々が受け止めていたことを私は疑わないが、あの歴史的判決のあとの教研に、何一つ反映されていなかったのが不思議だったのである。

私たち教師は、あの判決を、自主編成運動の中でこそとらえるのが大切なのではないだろうか。「憲法二三条は、教師に対し、学問研究の自由はもちろんのこと学問研究の結果自らの正当とする学問的見解を教授する自由を保障していると解するのが相当である」(注19)という杉本判決をしっかり受け止め、「国民と教師の教育内容形成への積極的な関与が、国民と教師の側の権利として自覚され定着されることが必要」(注20)であることを認識し、そのための多様な闘いを続けなければならないだろう。

五　「自主編成論」への批判

自主編成とは、「検定教科書を批判的に検討する中で」行われなければならないものだろうか。それが、教科書を批判するからこそ自主編成があるという意味でなら、私も賛成である。教科研もまた十数回に及ぶ保護者との系統的な教科書批判を行っている。

しかし、「教科書を使用することは必要」という原氏の見解には同意しがたい。それが「虚偽と真実を識別するために」だけなら、最良の方法とは思えぬからだ。「ためにも」というからには、他にも理由があるのだろうが、氏はこれについても述べていない。「管理体制の強化が厳しい現実の中で、教科書を使わないわけにはいかないという現状がある」(注21)というのなら、私もまだ認められる。しかし、これとて「使う必要があると」という積極的な主張にはならない。別の所では、氏は「私は教科書を利用することにしている」と述べているのだが(使う必要があって、利用していると解さないと矛盾するが)、それとて、歴教協の中でも「現在の教科書は朱書きしても使えないほど悪くなっているから完全な自由編成を」(注22)という意見も強くあるのである。そして、何よりも問題なのは、我々が文部省の個々の教科内容のみではなく、教科の編成原理もまた批判するのなら、教科書と離れた科学的な体系が必要となってこざるをえないだろうということである。それを避けては、真に子供の学習権を保障できないということは、論を俟たないであろう。

文部省はこのことを敏感に見てとっている。「日教組は、教育課程の自主編成を進めているが、教育課程の編成基準は国で定めるべきものだ」(注23)との指導を行い、編成基準そのものに、第一の反撃の焦点を合わせているのである。

「自主編成の目的とは、民族・地域の課題を教材化するため」にだけ必要なのであろうか。自主編成に関する最近の注目すべき意見から引用させてもらえば、自主編成の目的の中には、第一に「自然や社会の事象事物の重要な諸側面を科学的に正しく認識するのに必要な基本的な事実や概念が正確で系統的に十分に示されている」(注24)ということが基本的に押さえられる必要があるのではないだろうか。そうした点で原氏の論文は不十分で、教科研の系統案の細案の中にはそれが正しく示されていると思う。民族・地域の課題を重視するあまり、教科研の系統案を「無国籍的だ」などという批判や、「公式のおしつけだ」などという先走った批判は批判にならないであろう。

この論争の本質的な底流をなしている「生活・科学論争」について触れるのは、私の目的ではないから避けよう。しかし、「教科の構造(体系)と科学の体系とは無縁なものであるはずがない」(注25)という意見は、私も同感できるものとして書き添えておきたい。そして、「科学とは物質(自然ならびに社会)を認識し、その構造、その運動法則を人間が意識に反映することである」(注26)ということを認めるならば、教科研の実践は、まぎれもなくこのことを事実でもって示し、我々に検討すべき内容を提示してくれていると思うのである。

六　終わりに

原氏の批判が、必ずしも当てはまらないことを以上に見てきた。そして、最後にあたって、原氏や、都歴教協の人が教科研を批判する中で、しばしば使用してきた「自己陶酔」という言葉に関して、一言述べさせていただきたい。

教科研の人々の教育実践に対する厳しさや、その完膚なきまでの相互批判は、傍聴している者を引き付けざるをえないほどすばらしい。その討論の中には、いささかの自己陶酔が入る余地もない、謙虚に自らの実践を省みる点でもまた見事である。だからこそ、教科研では一人一人が数十枚に及ぶ提案をし、体育館の壁一面を飾る自作教材を提示するのである。歴教協の人々がしばしば「こんな実践は広がらず、すぐ駄目になってしまう」と言ったが、都内の各区にみるみる影響を広げ、昨年の都教研には十数区の正会員となって登場し、東京選出の正会員になったのである。そうしたことが、全国教科研の会場ニュースで歴教協の会員をして、「東京の〈人間の歴史〉は多くの参会者に感動を与えた報告の一つであった」（注27）と言わしめた源である。

私たちは、今年北海道の歴教協大会の小学校高学年分科会に参加をした。そこでの報告者三人のうち、レポートを印刷してきたのは一人、実践報告も一人であった。壁には何の教材も提示されておらず、討論も討論ではなく、ポツリポツリと数少ない実情報告会であった。教科研大会の火を噴くような熱っぽさと、会場を圧する実践の重さとは何というちがいであったろうか。一度しか行かない教科研大会でも、私は実践する者の苦悩と重みと、すばらしさを感じたのに……。

私たちは、唖然とした気持ちで帰途についた。そして、昨年の鳴子合同集会で、歴教協のレポーターが欠席したこと、東京教研で、レポートなしで報告した歴教協全国常任委員がいたことなどを思い出した。さらに、昨年の歴教協大会に参加した出版労働者が「第一印象は政治団体の集会か、組合大会のように思えた」（注28）と報告していたことと、二〇次全国教研の第一日目の歴教協を中心とした報告に対して、傍聴者の多数から「情勢報告会か」「運動論の分科会か」「組合大会か」「教育がどこにもない」などのごうごうたる批判（注29）が出たことを合わせて思い出した。

そして、大学を出た時「歴教協へ入ろう」と決意していた私を遠ざけ、少なくない青年教師を遠ざけたのも、そうしたことだったと述べたい。そのことが、私をして、この文の筆をとらせた重大な動機でもあるのだ。このことは、むろん原氏の責任ではあるまい。しかし、氏が歴教協の看板を背負って教科研を「自己陶酔」と批判するなら、期待しつつ北海道大会まで参加した者を引き付け、せめて自己陶酔できるぐらいの実践の厳しさがほしいものだと思ったのである。

最後に、歴教協と教科研社会科部会という、日本の民間教育運動で重大な位置を占める両団体が、教育運動の礎となることを期待しつつ終わりとしたい。

注1 「社会科教育の到達点と今後の課題」―『日本の民間教育』第六集　五三頁
2 「東京の教育」第一九次　五〇頁
3 原忠彦「教科書批判と自主編成」二〇次都教研レポート
4 久津見宣子他「自主編成による内容と授業」二〇次都教研レポート
5 位野木寿一「公害学習の進め方」『社会科教育』七一年二月号　六頁
6 有本良彦「公害学習の進め方」『社会科教育』七一年二月号　一四頁
7 奥地圭子「自主編成にもとづく歴史教育の実践」二〇次都教研レポート
8 高橋金三郎「自然科学教育断想」『むぎ通信』第五〇号

9 「六月教研数学分科会」『新聞都教組』七〇年六月一二日号
10 歴教協二二回大会総括討論「歴史地理教育」六九年一一月号 五二頁
11 井上司「教育課程改悪と我々の立場」『北海道歴史教室』六九年六月号
12 「小学校社会科の構想」檜山・上の国サークル
13 「小学校社会科の構想」「歴史地理教育」七〇年六月号 八三頁
14 「歴史地理教育」七〇年八月号 九二頁
15 「私たちの自主編成」日教組 四五頁、私たちの教育課程研究「社会科」
16 『新聞都教組』七〇年一一月六日号
17 『新聞都教組』七一年六月一日号
18 柿沼肇「新興教育運動の研究」『教育運動研究史研究』一二号 五五頁
19 家永教科書裁判判決
20 尾山宏「教育裁判」『講座民主主義教育第五』二七九頁
21 「歴史地理教育」六九年一〇月号 一九七頁
22 同右
23 文部省宮地初中局長六九年八月

24　小林栄三「民主的な教科書政策について」『赤旗』七一年八月二日号
25　「私たちの教育課程研究」『日教組』一〇六頁
26　日本科学者会議北海道支部「現代トロッキズム思想批判」その四　三頁
27　平良宗潤「全国教研に参加して」『歴史地理教育』七一年四月号　八〇頁
28　『教育』七〇年一一月号　一二一頁
29　「二〇次全国教研社会科分科会会場ニュース」No.5、6、7、8、9、10、11、12

3 「論議」に「問題提起」をする――新卒五年目

教師になって五年目、私は四年生を担任していた(一九七二年当時のことである)。

その時、職員会議で学芸会のことが論争になった。

「学芸会は必要ないのではないか」「学芸会で劇と音楽をやっているが、性格があいまいなのではないか」等の意見が続出したのである。

教師は「自分の学校でやっていること」は、全国どこでもやっていると思いがちであるが、地方によって事情はずいぶんちがう。たとえば「学芸会」がない地方は、日本にはかなりある。「日直」がない県もある。「週番」がある県もある。

「学芸会がある」にしても「学芸会がない」にしても、それなりの理由はあるわけである。

当時の大四小の職員会議では様々な意見が出て、一つの線を決められなかった。

私は同学年の先生方四人と話し合いをして、次のような提案を次の職員会議にした。

学芸会の方向についての意見

一九七二・一〇・五　四年学年会

一　はじめに

四年としては、九月一九日第二回学芸行事委へのアンケート、及び一〇月四日の職員会で学年の意思をほぼ明らかにしてきた。

再度の提案となった事態に対し、四年としての意見を明確にする責任を感じた。職員会での討論を深める方向で学年会をもち、意見の一致を見たので、以下に発表するものである。提案ではなく（そんな大それた気持ちはない）意見であり、討論の一素材となれば幸いと思っているものである。

二　学芸会への視点

学芸会は、文字通り学問と芸術の発表会であると考える。しかしながら、近年の実態は、音楽と演劇の発表会という内容で進められてきた。学芸会の名にふさわしくなかったのが、その実態であった。そこに、矛盾がうまれてきたのは当然のことである。学芸会の成立当時の、今から六〇年も昔の形式を保っているからである。学芸行事委の提案の4に「音楽・演劇に限定せず……」とあるのは、そうした問題意識があってのことだろうと、我々は注目した。

つまり、内容を多様にし、学芸会の名にふさわしいものにしようとする問題解決の方向があったのだと考える。我々は、そうした問題解決への努力を高く評価するとともに、他の方向がもっと追究できなかったのかと思うのである。

つまり、内容に即して形式を変えるという方向にである。学芸会そのものは、古い時代の教育の表れであり、現代には当てはまりにくいのではないかと思うのである。

学芸会は、明治前半期まで学校においてもっとも重視されていた試験制度（今の中学の一〇倍くらいの厳しさのある）の一種のメタモルフォーゼとして成立した。

定期試験に親まで同席させた厳しい試験制度の廃止とともに、それの関連行事が個別に独立させられた。明治三〇年代前半から発生した「教科練習会」「学業練習会」「児童談話会」などがそれであった。いずれも、児童の代表が学習の成果を公表する形で、唱歌、教科書、作文等の朗読、教授内容に関連した談話、理科実験等を行うものであった。学芸会という共通名称が用いられたのは明治三〇年代後半からであり、農村部まで普遍化したのは、大正・昭和期に入ってからであった。

この当時、学芸会はまさしく学芸会だったのである。今日の我々は、今の学芸会が何のためにあるのかという点を改めて問い直さないわけにはいかない。

それなくしては、教育上の成果も、はっきりとは期待しかねるからである。

三　今日の学芸会の基本的性格

結論を先に言うなら、今日の学芸会のねらいは、大別して二つある。

一つは、学校文化の創造・発展の場としてである。

一つは、学年・学校集団の形成の場としてである。

学校内に存在するあらゆる文化活動を基礎としつつ、学級文化活動をとりわけその中心としつつ、文化の一領域が学芸会という場を通して、さらに発展させられる契機となるような場であろうと思うのである。また、演じられる内容や活動が学年・学校へひびきあい、そうしたひびきあいをもとにして、学校集団の形成がなされる。そうした内容や活動がすぐれていればいるほど、より質の高いひびきあいが生まれるものと思う。

何よりも、教師は何を指導し、何をつくり出すのかという追究が大切であり、その中で、すぐれた内容・活動をつくり出すことを目的とした活動の中で、自主性は培われてくると考える（体育館という限定された空間を考えると、運動会のような企画・運営活動はできにくい）。

学芸会で培われる創造性・自主性は、そのようなものである。つまり、学校文化をつくり上げる創造性、学校文化をつくり上げる自主性というように考える。

四　四年の学芸会への姿勢

⑴　学芸会のような内容を、学校の中で行うことを大切だと考えた。それは、学校文化の創造という内容や、ひびきあいをもった全校集団形成の場は他にかえがたいと考えるからである。

しかし、再三再四主張したように、授業そのものを荒らしてしまうような傾向は、できる限りなくすべきである。

⑵　学芸会を音楽会と分離し、演劇会を学年単位にした方がよい。

これは、演劇そのものの位置付けが不明確なことと、時間の制限に主として起因する。一学年の人員を音楽・演劇の二つにわりふるのは、極めて至難の技である。「アリババと四十人の盗賊」が、出演者が多いからわりふりしやすいという無理が生まれるのもそのためである。

音楽会を、音楽科と直接つながる形で独立させ（展覧会のように）、学年全体を出演させうる学年演劇会という方向が一つの解決方向と考える。

五　行事委（一〇月四日）の方向をとった場合の意見

我々は、むろん現在の意見に固執するものではない。いろいろな条件・制約を受けながらつくっていくのであるから、どのような形で行われるか今のところ分かりかねる。それで、行事委の原案を想定し、その場合、最低限必要と思われる二つを書いておきたい。

① 教科指導の時間と学芸会指導の時間の明確な分離

② 学芸会のねらいの意思統一と、学年が取り組もうとする方向の意見の交換

前者は、教科指導の犠牲をできるだけさけるために必要であり、後者は、教科のみではない教育の何かをつくりだすために必要である。

六 いくつかの意見に対する見解

(1)〈学校行事(学芸会)は、教科ではない、うるおいを与える〉という意見についてこれに我々は賛成である。それが大切だからこそ、価値ある教育がその中でされなくてはならないと思う。そしてどんな価値があるのかをつかむ必要がある。それが明らかにされなければ、教科を割いてまでもという熱意は生まれないからである。また、我々は教科こそ、学校教育の中心であると考えていることを付記する。

(2)〈学芸会のことは、三月に決定されているものである〉という意見についてその通りである。しかし、三月の段階は、実施することを決定したのみで、どのように行うのかは決定されていない(だから、今討論しているのである)。

我々も実施するという方向を支持しており、そのやり方をよりよくしたいために、積極的に提案しているのだと考えている。

(3)〈芸術は人前ですることになじまない〉という意見について

この意見の中身も、芸術は自分のためにあるという考えと、芸術の価値判断は多様であるから指導になじまないという考えと、人前で表現できる心の解放こそ第一とすべきであるという考えがあるように思う。

いわば、芸術至上主義、不可知論、解放論のこの三点は、芸術教育への核心的問題なので、意見を留保したい。

七　おわりに

正確に言い尽くせなかった点も多々あるが、これらを今の段階の我々の見解としたい。むろん、将来にわたる学年及び個人の意見の変更はありうるわけである。

この四年学年会の意見は、基本的に承認された。

私は、このように「重大な意見のちがい」に対しては、職員会議に文書で意見を提出してきた。もちろんそれほど多くはないが、一、二年に一度くらいはあったと思う。

第2章

跳び箱論争——新しい教育研究の模索

1　跳び箱を跳ばせられることが、教師の常識にならなかったのはなぜか

法則化運動は、新しい教育研究方法を創り出した。「出口論争」「跳び箱論争」が出発点にあった。

私の問題提起はただ一つであった。

跳び箱を跳ばせられることが、教師の常識にならなかったのはなぜか

これは、私が教育界に投げかけたたった一つの発問である。授業の時の発問と同じく、私なりに考えぬいて提出したものである。すぐれた発問は一時間の授業を支える。それと同じような性質をこの発問は持っている。私はたった一つの発問を言い続けてきたのである。途中で言い換えることはしなかった。表現を修正することもしなかった。

たった一つの発問(問題提起)を言い続けてきたのである。

それによって、法則化運動は生まれたのである。具体的な主張がいかに強いかの証明である。この問題提起に対して、ほとんどの人は無視した。向山などという実践家の存在な

ど、ほとんどの教師は知らなかった時代である。

しかし、『現代教育科学』誌を舞台とした論争である。特集も組まれた。研究者は目を通していたにちがいない。それにもかかわらず「無視」である。

この当時、反応してくださった研究者はほんの少ししかいない（私は大変感謝している）。そのお一人に小林篤氏がおられる。小林氏との第一弾の論争は拙著『跳び箱は誰でも跳ばせられる』（明治図書出版）に入っている。

その中で、私は跳び箱批判について次のように書いた。

宇佐美氏は『現代教育科学』七九年二月号で次のように述べられている。

「つまり、私の『ゆさぶり批判』は、吉田氏の『出口』＝「ゆさぶり」論を今まで批判せず通用させてきた学界に対する批判でもある」（八四ページ）

宇佐美氏の言を待つまでもなく、「出口論争」では、「ゆさぶり概念」が問われていると共に、研究のあり方もまた問われているのである。

「跳び箱批判」は、もちろん「ゆさぶり概念」に対する発言ではない。研究のあり方に対する発言なのである。

「跳び箱を跳ばせられることが、教師の常識にならなかったのはなぜか。」という、研究のあり方に対する発言なのである。しかも、その批判は、さしあたって斎藤喜博氏と教授学研究の会の研究者に向けられているのである。

その意味で「跳び箱批判」は、「出口批判」に対する補強論なのである。

教育技術の確立のためには、教育実践研究のあり方が問われなくてはならないと私は痛切に感じている。教育実践研究論が、たかだか「説」程度の内容であり、「論」としての共通性を持っていないため、多くの教師の努力は浪費されているのである。「学」などとは、なお遠い夢物語である。

「いつまでたっても『論』だといわれた素粒子論を、もうエスタブリッシュした『学』だと思いこんでいる連中がいるんですよ、近ごろは」

（湯川秀樹、坂田昌一、武谷三男『現代学問論』勁草書房、九六ページ）

「出口批判」のように、研究者が自分の専門とする「学」の「方法論」に対して、根底的な批判をされているのに、それに答えようとしないことを私は理解することができない。また、そうした黙殺を許している学界のあり方も理解しがたい。

論争すべきである。それが子供のためなのだ。教師が傷つくことは教育実践の場では当たり前のことなのである。

終わりに、小林篤氏にお尋ねしたい。

「私は先生の疑問にお答えしました。今度は先生の番です。『跳び箱を跳ばせられることが、教師の常識にならなかったのはなぜだと思いますか』。私はこれを考えることは、教育の技術の確立を求める大切な一歩だと思っています」

この続きが、『現代教育科学』一九八一年一二月に載った次の私の文である。

研究的、実践的意味を持たない小林氏の回答

一

小林篤氏は『現代教育科学』一九八一年九月号で「はからずも本稿が、向山氏のお尋ねに対する回答になっている」と述べた。

そうすると、私の問いと小林氏の回答の要点は、以下の対応関係となる。

〈向山の問い〉

跳び箱を跳ばせられることが、教師の常識にならなかったのはなぜか。

〈小林氏の回答の要点〉

1 大方の教師は、跳び箱運動の技術の構造の認識が十分ではない。

A「腕で体を支えることが基礎である」ことは常識的なこととして認識している。

B しかし、どれほど大事な基礎であるかまで思い及ばなかった。

2 そのため指導を根気よく徹底して行うことに欠けていた。

小林氏の論には次の問題点がある。

(1) 斎藤喜博氏は根気よく指導したから跳ばせられたのだと言う。すると、今まで跳ばせられなかった教師は根気強さに欠けていたことになる。これは教師を馬鹿にした発言である。根気強く指導した教師は多くいるはずであるし、その結果なお跳ばせられなかった教師も多いと思う。

問題は根気強さではない。斎藤氏の「私なら一五分で跳ばせられる」という発言と根気強い指導とは整合しない。斎藤氏が「一五分で跳ばせられる」という技術は何であり、なぜ広まらなかったのかが問題なのである。

(2) 小林氏は「腕で体を支えることが基礎」だという。これは何か意味のある言明なのか。「歩くにはどうしたらいいか」→「足で体を支えるのが基礎である」、「泳ぐにはどうしたらいいか」→「水に浮くことが基礎である」と同じで、無意味な文である。

私は「腕を支点とした体重移動を体感させる」と述べたのである。つまり、意図的に体重移動の指導場面を作るべきであると述べたのである。小林氏は誤読している。

(3) 小林氏は「教師にとって、腕で体を支えるのが基礎だということは常識的なことだ」が「大方の教師には、それがどんなに大事な基礎であるか思い及ばない」という。

これは文としての意味を持たない。「基礎であることが常識」として知っているほとんどの教師が「どんなに大事かまで思い及ばない」などということはありえない。

文頭に「ほんとうの」をつけて否定するレトリックと同じで、一種の虚偽である（ほんとうの恋はそんなものではない。ほんとうの常識はそんなものではない）。

以上述べたように、小林氏の文は私の問いに対する回答になっていない。そこで私は、小林氏に回答を書いてほしい旨の私信を出した。

二

小林篤氏は、本誌一〇月号に回答を書かれた。回答論文の題が象徴的である。つまり、今回の問いと回答は次のように対応している。

〈向山の問い〉
跳び箱を跳ばせられることが、教師の常識にならなかったのはなぜか。
〈小林氏の回答〉
向山洋一氏の斎藤喜博氏批判は成立するか。

私は一人でも多くの子供を跳ばせられるようにしたいため論争している。小林氏はそんなことより、斎藤喜博氏防衛に関心があるようである。

小林氏は「今なお跳べない子が多くいるという実態に対する責任の一端を、斎藤喜博氏は感じられてよい」という私の文を引用して、次のように言う。

「しかしこの結論は、もし斎藤氏が、向山氏の認識とは裏腹に、跳び箱指導の技術を公開していたのだったら、もちろん成立しない」

斎藤氏が技術を公開していないことについては後述する。仮に、斎藤氏が小林氏の説明のように公開していたとしても、この結論は成立する。

なぜなら、斎藤氏は「私なら一五分で跳ばせられる」と誇示され、多くの著書を書かれていたからである。跳べない子をなくすための意図的な努力があってしかるべきである。自分の技術を伝える積極的論述があって当然である。

たった一回の低学年指導の発言で、公開したと開きなおれるようなことではない。数万ページの中の一ページに満たない言及で免罪されることではない。

これは次の例と同じで、相殺法による強弁である。

「政策攻撃から首相の個人攻撃に移った野党の追及の呵責なさに、母性本能を刺戟された(?)某女流作家が、次のような趣旨の発言をしたことがある。

『あの人を極悪人のようにいうのはどうかと思います。何かよいところもあるはずで、たとえば毎朝歯をみがくかもしれない』(野崎昭弘『詭弁論理学』中公新書)」

また小林氏は「斎藤氏が跳び箱指導の技術を公開しなかったというのは事実誤認」であるといって、「閉脚跳び(現・かかえ込み跳び)指導の文」と「開脚跳び指導の発言」を示された。「公開している」「かくし財産にしていない」というのであるから、次のように断定していいことになる。

(1) 斎藤氏の開脚跳び指導の技術は、小林氏が引用した内容程度の技術ですべてである(それで全部で、かくし財産はない)。

(2) 小林氏が引用した指導技術によって、ほとんどの教師は跳べない子を一五分くらいで跳ばせられるようになる(そうでなければ技術の価値がない)。

この(1)、(2)が共に成立するなら、斎藤喜博氏は技術を公開したことになる。私は自分の事実誤認を責められてもよい。

だが、この(1)、(2)は以下の理由で、どちらも成立しないのである。
小林氏は斎藤氏の跳ばせる技術を次の二つで説明する。

A「閉脚跳び」の方法を読んで「これは多分開脚跳びでも同じだろう。ためしてみよう」と、やってみればよい。

B「一年生に対する指導」の手順を圧縮してやればよい。

小林氏にお願いする。ぜひこのAとBの方法を実践していただきたい。ためしていただきたい。圧縮してやっていただきたい。

教授学研究の会の実践家のすべてとは言わない。三分の一の方々でも、A及びBの方法で「跳べない子供への即席の指導」ができるようになれば、私は自分の説の誤りを直ちに検討する(なお、私の研究会の教師は全員、一五分程度で跳ばせることができる。私は過日の公開授業で他学年の跳べない子を二分くらいで跳ばせた。千葉大の宇佐美氏、横国大の井関氏、藤岡氏、本誌編集部の江部氏、樋口氏など九〇余名が参観していた)。

私は断言するが、AとBでできるわけがない。斎藤氏が一五分で跳ばせたのは別の方法のはずである。

開脚跳び指導の技術は、向山の仮説「腕を支点とした体重移動の体感」がどのように配置されているか検討すればよい（説とは、かくも応用範囲の広いものである）。

Aの「閉脚跳び」の方法の中に「体重移動を体感させる指導」があるか？　どこにもない。「閉脚跳び」の指導の記述だから当然である。

Bの「一年生に対する指導」の中に「体重移動を体感させる指導」があるか？　かすかにある。「おしりを思いきり空中に高くいつまでもおいて、しかも跳び箱に下ろす」部分である。しかし、この程度では「跳べない子」を跳ばせられない。

斎藤氏は一年生に対しては、跳び越しより踏切、助走などをきちっと教えることが重要だと述べているのだから、これで当然なのである。小林氏が、この手順をどう圧縮して「跳べない子供への即席の指導」をされるか注目している。自分で言ったことができなければ、大学教授の名が泣くというものである。

以上述べてきたように、斎藤氏は「跳べない子を一五分で跳ばせる」技術を公開されていない。この技術は「体重移動を体感させる指導」でなければいけないのである。

なお当時、全国には体重移動を体感させる技術は大まかに言って四種あり、そのうちの三つを本誌九月号の拙論で紹介した。

三

「跳び箱を跳ばせられることが、教師の世界の常識にならなかった理由」を、小林氏は三点述べられた。

第一は、「実践の分かる研究者」と「研究の分かる実践者」が少なく、すぐれた実践が世に広まらず埋もれてしまったからだという。

これは一般的問題へのすりかえである。「跳び箱」の例で、今、論じられている例で、具体的に論証すべきである。斎藤氏の実践は埋もれていたか。あれほど広まっていたではないか。それなのに、なぜ跳ばせる技術は広まらなかったのか？

「当時有名だった斎藤喜博さんの跳び箱の授業記録を読んでも、私にはチンプンカンプンでした」（千台治男『授業科学研究』6）と言われるように、指導技術が明示されなかったからである。

なお斎藤氏は実践家であると共に研究者でもある。機械的に分離するのは誤りである。小林氏も本誌九月号で、斎藤氏の次の言葉を引用されているではないか。

「あなた（小林氏）より私の方が、体育の理論も実践もずっと上だ」

つまり第一の意見は、「具体的問題の一般的問題へのすりかえ（部分を全体に及ぼす誤り）」と「実践家・研究者を機械的に分けた二分法による強弁」で成り立っている。

第二の原因は、研究の方法をよく知らない実践者が多いためだと言われる。

これも跳び箱の例を一般的な問題にすりかえている。跳び箱指導の技術において論ずるべきなのである。

「先人のすぐれた実践を尊重し、これに学ぼうとする気風が薄く」などという表現は実践家への蔑視である。「一五分で跳ばせられる」という斎藤氏の実践から学ぼうとしても、チンプンカンプンな内容だったのである。

これは研究の方法をよくご存じの方々にとっても同じだったらしい。故斎藤喜博氏を悼んだ文で山住正巳氏は次のように述べている（『教育』九月号）。

『『僕が指導すれば、すべての子供が跳び箱を跳べるようになる』などという話を聞いていよいよ不信感をもつようになった。なぜ全員が跳び箱を跳べなければならないか、どういう方法をとるか、つまり目的も方法も、分からない。

こういう疑問を示すと、斎藤さんから『山住だけは僕の言うことを分かってくれない』

とか、はては『あいつは生意気だ』という言葉が返ってきた。斎藤さんと僕との関係は、次第に険悪となり、とうとう明星学園の一室で、衆人環視のなかで、取っ組み合いとなった。斎藤さんが『やるかこの若造』というので『やろう』といって立ち上がったのだが、斎藤さんの力の強いのには仰天した」

小林篤氏は、この文章の事態をどう解釈されるのだろうか。

第三の原因として、教師の運動技能至上主義をあげている。

私が述べた跳ばせる技術を、体育の苦手な女性教師が学校中に広めている。私の講演を持ち帰り、学校中で取り組んでいるところもある。

跳ばせる技術が明示されれば、こんなことは広めるのにほとんど問題にならない。

以上のように、小林氏の回答は何も言っていないに等しい。だから、実践的な力にはならない。

四

小林氏は一〇月号の論文で、私に対する二つの問いを出された。しかし、この問いは問いの形になっていない。宇佐美氏が吉田氏に「問いの構造」（本誌一九七九年六月号）

で指摘したのと同様の欠点がある。

小林氏は、「跳び箱指導における『得意そうに跳ぶ子に対する指導』と『個別に評価を与える指導』が、斎藤式方法ともいうべきものである」という独自性と確立された指導方式を論証してから、私との類似性を問うべきなのである。

誰でもやっていることなら問われる必要はない。私は『授業研究』誌四月号で「全員起立。分かった者から着席」という指導方法が小林喜三男氏と類似していることを述べたことがある。こうしたことは多くあるのである。

だから私は答える必要はないのだが、読者諸兄姉のことを考えていくつか述べてみる。

(1) 社会科の授業で「なぜ青森県は日本一のりんごの生産地になったのか」という私の問いに、「気候が適しているからです」と答えた「優等生」を否定していく実践を、私は書いたことがある(『教師修業十年』明治図書出版)。

「優等生」を否定するのは跳び箱だけに限らない。見せかけの力を崩していくことは、かなり多くの教師には当たり前のことである。斎藤式と言えるような代物ではない。

(2) イメージ化した言葉で指示を与える方法もかなり多くの教師がしている。だから私は『すずめのようにとびなさい』(ローザ・デメートル)と書いたのである。小林氏は大切な傍点部分を引用していない。読めていないのだろう。東欧諸国で大きな反響をよんだローザ・デメートルの著書の中で、訳者は次のようなまえがきを書いている。

「同じような表現でも『みなさんしゃがみなさい』と言うのと『花をつみましょう』と言うのでは、なんという違いでしょう。」

このような指導は斎藤喜博氏だけがしたのではない。日本だけのものでもない。教育の世界だけのものでもない。だから私は、多くの人から学んだことの代表として、ローザ・デメートルの名と書名を引用したのである。

(3)

子供たちが帰った後、教室で子供を思い浮かべる私の文章と、斎藤氏の文章との類似性を尋ねられている。これは偶然である。私の動機は車窓から商店名を次々に言うアナウンサーの自己修業の文に接したからである。

『斎藤喜博を追って』(昌平社出版)という拙著を注意深く読めば、次のことが読み取れるはずである。

「子供の帰った後、思いうかべる訓練をしたのは新卒の四月からである。私は、教育の本を読むようになったのは教師になってからであった。肌まで刺し通すような寒さの頃、私は斎藤喜博氏の本に出会った。」

私は学生時代、授業にほとんど出なかった。採用試験の時は無期限ストライキ中であり、泊まり込んでいた自治会室から出かけた。高校一年、六〇年安保に始まる私の一つの青春は、七〇年を目前に挫折の中に終焉した。何もない中から私は教師生活を始めたのである。

「研究上コメントをいただけるとありがたい」と小林氏は言われる。つまらぬことに研究的関心を燃やす小林氏の心根があわれである。

なお私は、『開く』の斎藤氏の文章は知っていて、氏に次のような手紙を差し上げていた。

過日、明治図書のAさん、Bさんとお会いしていた折に『開く』二八集で安彦忠彦さんと私のことにふれられているのを聞き、さっそく読ませていただきました。

拙著が出た頃「出口」論争があり、吉田氏のパロディに授業者として不まじめさを感じた私は、吉田氏批判の筆をとることになってしまいました。

私は今、「出口の授業」と「開脚跳びの跳ばせる技術（のみ）」の二点で、斎藤先生と教授学研究の会の研究者を批判しているのです。

私にとってつらい仕事なのですが、私もまた授業をする者として、考えに考えた末のことですので、やり通そうと思っております。

実はこの二つの論争が一区切りついたところで、先生にお便りを差し上げようと思っていたのです。

先生のお仕事から多くのことを学ばれている人はたくさんいます。それは決して先生の周りにいる人だけのことではありません。

芭蕉に漱石をなぞらえた「枯野抄」の芥川の例もございます。

私もまた、先生から何を学んだか、教授学研究の会の先生方とは別の視点で述べさせていただこうと考えております。そんな話を、Aさん、Bさんにお話ししましたら、大そう喜んで下さいました。これらの方も、それぞれの思い方で、先生のことを極めて高く評価されているのだと私は感じました。

つたない仕事ですが、教師になって一〇年間の私の仕事の記録を送ります。この書名をつける時に、私が一番心につらく思ったのは「授業だけ」の記録になっていないことです。

先生が「授業だけ」に、どれほどの意味を込められてきたか分かりますだけに心苦しく思いました。しかし、これもまた、「教育」という仕事に全力をかけようとした一人の教師の記録であることだけはまちがいないと思い、そう自分に言い聞かせ、はるか先を歩まれた先輩たちの代表として、先生の御名をお借りしたのでした。

杉村氏が（そして多くの先輩たちが）やり残された仕事のかすかな部分でも、私は私の場で負っていこうと思っております。

お身体がご不調の由、気に障る便りをどうしようかと迷いましたが、出すことにいたしました。非礼の点はどうかお許しください。

お身体をおいといになられて、今後もよいお仕事をと願っております。

先生がおられたということだけでも、私はいっぱい感謝しております。

一九八一年四月二四日

向山洋一

斎藤喜博先生

斎藤喜博氏から折り返し便りが届けられた。

「ご高著は元気になってからゆっくり読ませて頂くのを楽しみにしております。どうぞ御体を御大切に御活躍下さい」と、したためられていた。

2 「事実によってこそ事実をつかめる」

私の一貫した問いに対して小林氏は、「斎藤喜博批判に異議を申し立てること」が問題意識であったという意味の反論を『現代教育科学』誌の一九八二年一月号に載せられた。それに対する私の反論が次の文章である(『現代教育科学』一九八二年四月号)。

三たび小林篤氏を批判する。
「不毛の論争」と論ずる論者の不毛を越えて

一 「問い」と「はぐらかし」

私は次のように明確に述べた。

この問題提起の出発点はただ一つである。
「跳び箱を跳ばせられることが、教師の常識にならなかったのはなぜか」
(『現代教育科学』一九八〇年六月号)

また、次のようにも述べた。

> 終わりに、小林篤氏にお尋ねしたい。
> 「私は先生の疑問にお答えしました。今度は先生の番です。
> 『跳び箱を跳ばせられることが、教師の常識にならなかったのはなぜだと思いますか』
> （『現代教育科学』一九八一年七月号）

小林氏は、次のように述べられた。

> はからずも本稿が、向山氏のお尋ねに対する回答になっているのではないかと思う。もし不十分であれば、改めてお答えを書く機会を得たいと思う。
> （『現代教育科学』一九八一年九月号）

何が「問い」なのか、右の引用文で明白である。だが、小林氏はその後次のように述べられた。

……だから私の問題意識は、最初から、いわれなき（と私は思う）斎藤批判に異議を申し立てることにあった。……ここでは私は、向山氏の事実誤認だけを問題にしていたのである。

（『現代教育科学』一九八二年一月号）

私は「跳び箱を跳ばせられることが、教師の常識にならなかったのはなぜか」と問うたのである。「問題提起の出発点はただ一つである」とも述べている。小林氏へのお尋ねでも繰り返し述べている。

ところが小林氏は「向山氏の事実誤認だけを問題にしていた」と言われる。「私の問題意識は、最初から、いわれなき斎藤批判に異議を申し立てることにあった」とも言われる。そしてさらに「私の側からすれば、向山氏こそ、私の問いを詭弁ではぐらかしている」とも言われる。そして「これは水掛け論である」と沈黙の予告をされる。

これは「水掛け論」ではない。誰の目にも「向山の問い」は明白である。小林氏の「はぐらかし」も明白である。

もう一度言う。私は日本中から跳べない子をなくしたい。そのために全員「跳ばせられることが、教師の常識にならなかったのはなぜか」という、ただ一つの問いを出している。

二　事実と「事実」のずれ

小学校の教師が大学の先生に対して言うのは逆だと思う。しかし小林氏には必要のようである。「研究の公開と批判」に続いて、「論証」についてはっきりさせておきたい。

> 論証がその結論の根拠付けとして提出されるとき、二つの問いが生まれる。
> ⑴　前提は真であるか？
> ⑵　前提は結論と適当に関連付けられているか？
> この二つのうちのどちらかが否定で答えられるなら、根拠付けは不十分である。
> （W・C・サモン『論理学』培風館、四ページ）

右の枠組の中で言う。小林氏の論は「前提は結論と適当に関連付けられて」いない。さらに、事実と「事実」を混用し、前提が真であるかどうかの吟味を欠いている。

「斎藤氏は技術を公開している」という小林氏の言をもう一度吟味する。この部分に対する私の発言は次の通りであった。

斎藤氏は『教育学のすすめ』の頃には「一五分で全員を跳ばせられる」技術を習得されていた。しかし、彼はその技術を実践記録に書かれなかった。

（『現代教育科学』一九八〇年六月号）

小林氏の前提と結論は次の通りである。

前提「『教育学のすすめ』は閉脚跳びの指導技術が詳しく説明され、また一五年ほど前の雑誌『教育』には、開脚跳びに至る指導の手順が述べられていた」

結論「だから斎藤氏は跳び箱の授業記録を公開している」

（『現代教育科学』一九八二年一月号）

私への反論として、この前提と結論は適切な関連を持っているか？

もう一度問う。「一、五分で全員を跳ばせられる技術」をどこの実践記録に書いてあるのか。

小林氏が述べられたのは「閉脚跳び」の指導技術である。斎藤氏の『教育』での発言は低学年の開脚跳びの指導である。

斎藤氏の「低学年の開脚跳び」の発言は、「一五分で全員を跳ばせられる技術」ではない。斎藤氏が『教育』で発言したのは、教科研体育部会が「全員を跳ばせよう」と授業研究をした時のものである。その授業は八名の子が跳べないで残った。その授業を斎藤氏は参観していた。その後の座談会での発言である。(「私ならどんな子でも跳ばせられる」「一五分で跳ばせてみせる」と言っていた斎藤氏は、「全員を跳ばせる授業研究」の場で、なぜ跳べなかった八名を指導しなかったのか?)座談会の中で斎藤氏は、跳べなかった八名をどうしたらいいのかを述べたのではなく、その時の教材であった馬跳びと跳び箱はちがうことを示すために、「ぼくが考えるのは、一年でもきちっと、踏切、助走の練習をさせる……」という小林氏が引用された低学年用の開脚跳びの指導方法を述べたのである。

八名の跳べなかった子に対する指導方法としてではなく、馬跳びと跳び箱はちがうことを示すために述べたのである。八名の跳べなかった子に対する指導方法を述べていたのなら、「跳ばせる技術」はもう少し確立していたはずである。

これが、どうして「一五分で跳ばせられる指導技術」の公開と言えるのか。繰り返す。

一九六七年の教科研体育部会での「全員を跳ばせる授業研究」で、跳べない子が八名残ったにもかかわらず斎藤氏は自ら跳ばそうとしなかった。馬跳びと跳び箱はちがうことを説明するために、小林氏が引用された低学年の開脚跳び指導について発言した。だから小林氏の結論は論証されていない。前提が結論に対して適切な関連を持っていないからである。

これは、「前提は真であるか」を小林氏が疑わなかったことが原因と思える。

斎藤氏は小林氏の前で跳ばせた事実があるという。『教育』で述べられていた「事実」は跳ばせた時の事実そのままであるという。

考えられることは一つである。小林氏が見た事実と、読んだ「事実」にずれがあったのである。事実と「事実」を混同されているのである。「事実」は常に事実の一部にしかすぎないことの吟味が欠けていたのである。

三　かくれている技術

私は次のように述べた。

> 斎藤氏は『教育学のすすめ』の頃には「一五分で全員を跳ばせられる」技術を習得されていた。しかし、彼はその技術を実践記録に書かれなかった。そして言われた。「授業の本質等を知っていればできるのだ」「私にはできるのだ」と。

（『現代教育科学』一九八〇年六月号）

これに対して小林篤氏は、斎藤氏の閉脚跳びの説明を引用して次のように述べられた。

誰もが追試できる形で、くわしく具体的に指導の技術が公開されているではないか。……「これは多分、開脚とびでも同じだろう。ためしてみよう」ということになるのではないだろうか。その程度の応用の知恵が働かなければ、教員免許状が泣くというものである。

（『現代教育科学』一九八一年一〇月号）

小林氏は「誰もが追試できる形で」「くわしく具体的に指導の技術が公開されている」という。だから私は述べた。

小林篤氏にお願いする。ぜひこの方法を実践していただきたい。ためしていただだきたい。

（『現代教育科学』一九八一年一二月号）

私は、自分が傷つかない所にいて相手をためそうとしたのではない。向山の仮説から考えて、これはできないと確信していたのだ。だから、次のことを言明しておいた。

教授学研究の会の三分の一の方々でも「跳べない子供への即席の指導」ができるようになれば、私は自分の説の誤りを直ちに検討する。
私は断言するが……できるわけがない。斎藤氏が一五分で跳ばせたのは別の方法のはずである。

小林氏が「誰もが追試できる」と断言されていることに対する、一人の小学校教師の実践的な反論だったのである。だが小林氏は、次のように返答された。

私がこの方法をまねしても、跳び箱指導の経験に乏しい私は、多分、跳べない子を一五分で跳ばすことはできないだろう。

（『現代教育科学』一九八二年一月号）

これは一体何だ？？？「誰もが追試できる形で、くわしく具体的に指導の技術が公開されている」というのは、何の意味だったのだ？　斎藤氏に最も近い、体育科教育の研究者が「跳ばすことはできないだろう」という「技術」とは一体何なのだ？

「その人の行いがその人の知識より偉大な時は、その知識は有益である。しかし、その人の知識がその人の行いより大なるときは、その知識は無益である」（ラビ・ハニナ・ベン・ドーサ）

私の「一五分で跳ばせられる技術を公開してない」という主張の核心は、まさにこの点にあった。斎藤氏の指導技術が高度であるから真似ることはできないだろう、「跳ばすことはできないだろう」と小林氏は考えられている。しかしちがうのだ。小林氏ほどの人をして真似ができないと言わしめるのは、指導技術の中心がかくれているからなのである。

全員を跳ばせるためには「体重移動の体感」をさせればよい。この技術が斎藤氏にもあったはずである。その技術は、誰でもできる程度であったはずである。

それがかくれているだけなのである。

四　向山の仮説による推理

小林氏が見た事実と読んだ「事実」のずれは何であったのか？　かくれていた指導技術とは何であったのか？　ある意味で推理小説の如き興味のある問題である。また、論理による研究的追究をそそられる問題である。

この二つの問いを、私が解くことにする。この二つの問いは、同じことなのである。

小林氏の引用文を再録する。

「一年でもきちっと、踏切、助走の練習をさせる。正確にやらせる、思い切って跳び上がりをさせる、そこで腕の力を付ける、おしりを思いきり空中に高くいつまでもおいて、しかもやわらかく跳び箱に下ろす、それから、腕をつっぱって前に進み、今度は跳び箱の上に立って跳び下りさせる」

この指導法で跳ばせられたと小林氏は言う。しかし、これだけでは跳ばせられない。向山の仮説「体重移動の体感」が得られないからである。

A「おしりを思いきり空中に高くいつまでもおいて、しかもやわらかく跳び箱に下ろす」

(一)　(二)　(三)

この部分にかすかに「体感」があるだけなのだ。

B「それから、腕をつっぱって前に進み」

C「今度は跳び箱の上に立って跳び下りさせる。」

もうここでは、跳び箱の上に立ってしまっているのである。

そうするとBとCの間に何かがあったと考えざるを得ない。Bにつながる自然の動きで、しかも「体重移動を体感させる運動」であったはずである。

こう考えると、向山式指導技術のA型に近いものがあったという結論になる。

上の図は、戦前の指導書のものである(『文部省新刷體操指導要領』三友社、一九三六年)。

これに近い運動があったのではないか?

図の(二)から、跳び箱の上を強くたたいて下りさせる方法である。または、もっと前方のぎりぎりの所で腰掛けるようにして、両手でゆっくりと体を持ち上げさせて下りさせる方法である（跳べない子には、後者がよい）。いずれにしても、Bの後にこのような運動があったはずである。あるいは、Cの時に、「跳び箱の上に立って、手を跳び箱の上に着いて」下りさせるのでもよい。これでも「体感」は得られる。

斎藤氏の指導を見たことのあるすべての方々にお尋ねしたい。私が推定したような運動が、斎藤氏の指導の中に含まれていたのではないか？（小林先生、いかがでしょうか？）

それなら、跳べない子も跳べるようになる。これはまぎれもなく、「腕を支点とした体重移動の体感」を得させる指導だからである。

五　補足

(1)　斎藤氏のすぐれた授業は、先の時代の多くの教師の苦闘の蓄積の結果である、と私はかつて述べた。斎藤氏の実践がそうしてできたことについては、一つ一つ論証していく予定である。たとえば「独自学習」「相互学習」「練習学習」もそのような一つであることを、芦田恵之助・村山俊太郎の実践との対比において私は論じた。（『国語の授業が楽しくなる』、明治図書出版）

なお私は「跳び箱を二台使う方法」を栄元式と述べたが訂正する。二台を使う方法はもっと以前からあった。たとえば、横浜国大の山田勉氏は、ご自分が小学校教師の時代に実践されている。

(2) 跳び箱を全員跳ばせる実践が広がっているという。心強いことである。最近、次の文を目にした。

「一〇月には、現在の三年生、一四四名を対象に、他の担任三名と協力して『一時間で跳び箱を全員に跳ばせられるか』を試みたが二時間かけても、一人だけはどうしても跳ばせることができなかった。斎藤喜博氏や向山洋一氏の書物、あるいは『現代教育科学』誌などを事前研究して臨んだのだができなかった。」(佐々木俊幸・愛知県片葩小『作文と教育』一九八二年一月号)

佐々木氏の便りによれば、自分のクラスは全員を跳ばせており、他の学級の跳べない子三九名を氏が指導して三八名を跳ばせたのだという。ほとんどを向山式で跳ばせ、跳び箱二台式で三名を跳ばせている。

今までにこのような実践報告があっただろうか。本を読んだだけで、跳べない子三九名中三八名を跳ばせているのである。しかも他クラスの子供を、である。これだけでも、

「跳び箱論争は不毛ではなかった」と私は思う。

私は他の学校へ出かけ、その学校の跳べない子一七名を指導した(四名は身体障害児学級)。二五〇名を越える教師が参観していた。公開の指導だった。準備体操・整理体操を含めて二五分間で全員を跳ばせた。

この時の実践は、一月に広島で開かれた全国教研で東京都の代表として報告された。また、この指導の時の写真が九枚『授業研究』誌四月号の私の連載第一回に載っている。

(3)
私は、一人でも多く跳べない子をなくしたい。それには、跳ばせる技術が確立され、確立された技術が広がることが必要である。

そうすれば、それはやがて、教師の世界の常識となり、全国津々浦々の教室まで伝えられるだろう。

跳ばせる技術の確立のために、実に多くの人々の努力が払われた。その結果として、跳ばせる技術に仮説が与えられたのである。

いつの時代にか、跳ばせる技術は教師の常識となり、「跳び箱論争」も忘れられるだろう。それでいいのである。しかし、今しばらくの間は、努力の蓄積が必要である。それは何か？　向山の仮説が正しいかどうか、多くの人に追試してもらうことである(または、よりすぐれた方法をつくり出してもらうことである)。

跳べない子千名以上の実践例、百名以上の教師の指導例を一応の目安としている。これが実現すれば、教育実践史上、画期的な「教育研究」となるはずである。強靭な研究となるはずである。しかも、それはまた、「跳べない子を跳ばせる教育実践運動」として、広がりをもたらすはずである。跳べない子のいる教室へも、やがて伝わっていくはずである。どうか、私の述べた跳ばせる方法で実践していただき、その結果を葉書きででも本誌編集部あてにお寄せいただきたい。なお、同様の呼びかけを『授業研究』誌四月号の私の連載でもした(拙著『跳び箱は誰でも跳ばせられる』を参照されたい)。

これは私一人でできることではなく、一研究団体でできることでもない。多くの人々の努力の集積が必要なのである。

「全員を跳ばせる」ことを教師の常識とするために、実践報告をお寄せいただきたい。一通の便りが大きな価値を生むのである。

その結果は、しかるべき形で公開することをお約束する。多くの人の実践の結果は、教師全体の共有財産だからである。

3　私は追い付き追い越す。その私を越えて行け！

小林篤氏は、ご自分の事実誤認を『現代教育科学』誌の一九八二年七月号に発表された。その後に私が書いたのが、次の文章である。

> 「斎藤喜博検討のいざない」と問題の枠組
> ──斎藤喜博の「跳び箱の指導」をめぐって──本誌七月号・小林論文への批判

一

「跳び箱論争」は、拙稿「絶えざる追究過程への参加」（本誌一九八〇年六月号）で始まった。私の主張は、次の諸点を含んだものであった。

① 跳べない子を跳ばせる技術は存在する。
② その技術を使えば、誰でも一五分で跳ばせることができる。
③ だから、「全員を跳ばせられる」ことは、授業の本質を知っている根拠にならない。
④ 斎藤喜博は、跳ばせる技術を島小や境小の跳び箱が跳べない女教師に伝えられた。

⑤　それにもかかわらず斎藤喜博は、「一五分で跳ばせる技術」を著書に書かれなかった。
⑥　だから私は、斎藤喜博が「一五分で跳ばせる技術」を「私有財産」「かくし財産」にしたという結論しか導き出せない。
⑦　一方、「跳び箱は誰でも跳ばせられる」という視点から斎藤喜博を批判した実践家・研究者はいなかった。
⑧　また、「誰でも跳ばせられる」ということは教師の世界の常識になっていない。
⑨　これは、教育実践研究のどこかに、大きな欠点があるからと考えざるを得ない。
⑩　だから私は、ただ一つの問いを出すことによって問題提起をする。

跳び箱を全員跳ばせられることが、教師の常識にならなかったのはなぜか。

小林氏の反批判は、私の主張への全面対決ではない。小林氏の反批判は、前述の⑤と⑥に向けられたものであった。つまり、斎藤喜博擁護の論であった。
ところが小林氏は、自分の擁護論の中の誤りを認められ、「事実誤認への反省を込めて」という一文を、本誌七月号に発表された。

私としては「事実誤認」はなぜ生じたのか、小林氏の反批判が事実誤認であるならば、私の主張の全体はどうなるのかなどの重要な問題を論じていただきたかったのであるが、残念なことに小林氏は最も大切な点を避けられた。

だから私は、本稿ではこの論争の基本的な枠組を整理し、小林氏の「反省」の不十分さと、今後に残された問題について論述することにする。

二

私はただ一つの問題提起を繰り返し繰り返し書いてきた。

私の意図が「斎藤喜博」批判、教授学研究の会批判にあるのではないことは明白である。私の問題提起は斎藤喜博への「一個人批判」、その周辺の研究者への「一学派批判」などというものではない。大体私は、「跳び箱を跳ばせる技術」を確立する仕事は、斎藤喜博との共同の仕事であると思っている。では、私の問題提起の意図はどこにあるのか？

それは、大きく二つに分けられる。

第一は、日本中から跳べない子をなくしたいからである。

第二は、「跳び箱を跳ばせる技術」をとおして、教育実践研究を再検討していただきたいからである。

「跳び箱が跳べない子」は、日本中いたる所に見られる。跳べないことは子供にとって、大変な苦痛である。もちろん、どれだけやっても「できないこと」はある。あるいはできるまでに「長い時間がかかる」ということはある。しかし、跳び箱は、教師がその指導技術さえ持っていれば、短い時間で(多くの場合一〇分以内で)跳ばせることができるのである。逆に言えば、跳べない子がいるのは、ほとんど教師の責任なのである。

跳び箱のことが話題となり、論争となれば、跳ばせる技術は注目され、次第に広がっていくだろう。だから、私がしつこく論じ続ければ、そう遠くない日に日本中に広がっていくことは十分に考えられる。

その上、多くの人々に試されれば、私の指導法に対しても疑問が出されたり、改良されたりしていくであろう。ひょっとすると、もっと別の画期的な指導法が出されるかもしれない。向山式指導法は否定され、改良型が全国に行き渡っていくかもしれない。それでいいのである。それこそ、私の望むところなのである。

しかし、改良型も提出できないような、疑問のための疑問、批判のための批判に対しては、私は論争を続けなければならない。教育実践研究は、まさに実践のための研究であり、かつ実践を根拠とした研究であるべきだからである。

論争とは、いろいろなゴタゴタが生まれ、単純な問題が大きな広がりを示すようになるものである。何を論争しているか、わけが分からなくなることもある。

「跳び箱論争とは何だ」と聞かれて、あれこれ説明しなくてはならないようでは具合が悪い。ゴタゴタすればするほど興味深くはなるが、人々の間の伝達率は悪くなる。

だから私は、初めからこのことを何とか避けたいと考えていた。単純に明確に、問題提起が人々の間に伝わることを考えていた。拙稿「絶えざる追究過程への参加」を書くにあたって、私が最も苦心した点である。私は研究授業の発問を考える時のように、言葉を探した。

その結果得たものが「跳び箱を跳ばせられることが、教師の常識にならなかったのはなぜか」というたった一つの問いなのである。もちろん、他にも言いたいことはいくつかある。しかし、私はそのことを禁じ、ただ一つの問題提起を出し続けているのである。

すでに、私の跳ばせる方法を試した方なら、あるいは他の方法で跳ばせることができた方なら、「こんなに簡単にできることなのに、なぜ多くの跳べない子がいるのか」と思われることであろう。

それは、次のような二つの疑問に整理できる。


A「跳ばせる実践は存在したにもかかわらず、その実践を技術化できなかった」ことに問題があるのか？

B「跳ばせる技術が存在したにもかかわらず、その技術が分かち伝えられなかった」ことに問題があるのか？


そしてまた、この時考えなければならない重要な意味を持つ二つの言葉が浮かんでくる。

A′ 技術
B′ 分かち伝える

これらのことは、つまり（A・B）も（A′・B′）も、教育実践研究の中心的課題である。それにもかかわらず、これらの教育実践研究の中心的課題は、初歩的な問題さえ解決されていない。

それはいまだに、「全員を跳ばせる」という簡単な技術でさえ「教師の世界の常識になっていない」からである。

今までの研究は何であったのか？

どちらの方向を見ていたのか？

教授学研究の会こそ、このようなことを明らかにしようと決意していたのではないか？各学校でおびただしく発行される研究紀要は、このようなことを意識していなかったのではないか？

私には考えなければならないことが次々にわいてくる。

「跳び箱論争」の素材は小さなことである。しかし、含んでいる問題は大きい。それは「出口論争」の素材は小さいが、宇佐美氏の問題は大きいのに似ている。だから「跳び箱論争」は「出口論争」と共に、現在の教育実践研究への一つの問いかけとなっている。

つまり、『現代教育科学』誌における「出口」「跳び箱」の二大論争は、どちらも「教育実践研究」のあり方への問題提起であり、互いに補完し合う内容を含んでいるのである。

以上、今まで述べたことをもう一度まとめてみる。

私の問題提起の出発点はただ一つである。そして、それを支える私の意図は二つである。

一つは、日本中から跳べない子をなくそうということである。これは、教師の共同の責任なのだということである。

もう一つは、教育実践研究のあり方を再検討してみようということである。特に、「教育技術」・「分かち伝える」という概念をふまえつつ検討してみようということである。

これは、教育実践研究に携わる研究者と教師の共同の仕事なのだということである。

三

小林氏と私の間で続けられている論争は、このような大きな枠組に入るものではない。

小林氏の反批判は、冒頭の文の中で言えば次の部分に向けられていた。

⑤ それにもかかわらず斎藤喜博は、「一五分で跳ばせる技術」を著書に書かれなかった。
⑥ だから私は、斎藤喜博が「一五分で跳ばせる技術」を「私有財産」「かくし財産」にしたという結論しか導き出せない。

小林氏は、斎藤喜博は技術を公開していると主張された。

私は、斎藤喜博は公開していないことを論証し、もしも斎藤喜博がこの方法で跳ばせたのなら、「跳び箱の上から体重移動を体感させておりさせる指導」をしたはずだと述べ、それは三つの運動のどれかであると推定した。

この私の推定は、論理的な帰結であった。明確な論理に導かれた断定的推定であった。私の断定的推定に対して、小林氏は本誌一九八二年七月号において「事実誤認への反省を込めて」という一文を発表された。

小林氏は次のように書かれた。

> 私は、かつて私が作った斎藤氏の授業記録集『わたしの授業』第二集を読み返してみる必要を感じた。そして実際に読み返してみて、正直に言って当惑した。そこでは、向山氏の推測どおりの指導が行われていたのである。

私の推定は、ぴったりそのとおりだったのである。小林氏は、その点を認められた。だから、次のように書かれたのである。

> 本誌の一月号で私は、向山洋一氏との論争は不毛であるので、もう発言をやめると書いた。ところがその後、私は重要な思い違いをしていることに気が付いた。そこで研究者の良心として沈黙しているわけにはいかなくなり、反省を込めて、ここ

に一文を草する次第である。

私はここで少し脇筋についてふれる。私は本誌四月号で、推定を述べた後、次のように問いかけた。

> 斎藤氏の指導を見たことのあるすべての方々にお尋ねしたい。
> 私が推定したような運動が、斎藤氏の指導の中に含まれていたのではないか？
> （小林先生、いかがでしょうか？）

この問いかけに対して、斎藤喜博の指導を見た人々からの返事は何もなかった。小林氏のみが反応されたのである。その点で小林氏はご自分の言われるように良心的であったわけである。

さて、「斎藤喜博は一五分で跳ばせる技術」は書かなかったということは、私と小林氏の共通認識になった。

すると次の点が問題となる。

なぜ斎藤喜博は技術を書かなかったのか？

小林氏は次のように言われる。

斎藤氏自身は原理を理解しておられたわけではなく、「なぜだかわからないが、私が教えると、子どもたちがみんな、とび箱をとんでしまう」ということであった。

そしてまた、手で跳び箱を強く叩いて下りる練習についても次のように言われる。

向山氏が把握されたような、体重移動を体感させるという認識にもとづいてのものではない。

つまり、「斎藤喜博は原理を理解していなかった」ということである。これは「漢方の名医」と同じで「論理的な文章で説明するのが困難なことである」とも言われている。

さて、この点について言及しようとしたら、本誌九月号に「小林篤氏へ」という随筆みたいな、とらえどころのない文章が掲載された。

小林氏と同じく「教授学研究の会」の宮原修氏の文である。

宮原氏は、斎藤喜博についての小林氏の意見に異論があるらしく、次のように述べられた。

> 斎藤先生が暗黙裡に、また言葉として持っておられた「跳び箱」指導の「原理」は「流れ」なのである。「流れ」とは何かについて、斎藤先生が「クダクダシク」「モットモラシク」「ガクモンテキニ」説明されなかっただけのことである。

教授学研究の会の二人の研究者が、このような重要な問題について、全く見解が異なるということに大変大きな興味を持つ。

いったい今まで、教授学研究の会は、何を研究してきたのか？　どうしてこのような基本的なことでさえ、検討の対象にされなかったのか？

次々と疑問がわいてくるが、今回は言及を避けておこう。

とりあえず、宮原氏に要望する。

右に引用したⒶ「原理は流れである」、Ⓑ「斎藤先生は説明されなかっただけである」

という二つの見解を学問的に論じていただきたい。

根拠を示して論証していただきたい。これは研究者としての最低の節操であり、義務である。自分の思い付きで駄弁を弄することが公的な場で許されるなら、教育実践研究は非実践的に非研究的に何でも主張できることになる。

そしてまた、教授学研究の会も、その会の名にかけて、この二人の研究者のちがいを公開の場で整理していただきたい。これもまた、当然の義務であり責務であろう。

さて、ここで次のような問題が生じる。

(一) 小林氏の主張を真とする場合

A なぜ斎藤喜博ともあろう実践家が原理を理解できなかったのか。

B 周辺の研究者は何を研究していたのか。

C 「跳ばせる実践」から「原理」を明らかにするためには何が必要なのか。

D 「『なぜだか分からないが治ってしまう』ものは論理的に説明できない」と言われるが、この定義は正しいか。

小林氏は、このような問いに答えるべきである。それでこそ「マジメに研究に取り組んでいる」ことになるのである。

㈡ 宮原氏の主張を真とする場合

A「原理」としての「流れ」を他の教師が身に付けることは可能なのか。それはなぜか。

B「流れ」による「指導」をできる教師は「全員を跳ばせること」は可能なのか。どのくらいの具体例があるのか。

C「一五分で跳ばせる技術」を、斎藤喜博は持っていたわけであるが、それはなぜ他の人に「分かち伝え」られなかったのか。

D（跳べない子が多くいる現状の中で）「私なら一五分で跳ばせられる」と誇示して「一五分で跳ばせる技術」を公開しない態度は許されるのか？

宮原氏も右の問いに答えていただきたいと思う。これは公的な場で発言をされた研究者の務めであろう。

さて私の結論を端的に言う。斎藤喜博はすぐれた実践家であった。島小、境小の女性教師に「跳ばせる技術」を伝えられた。彼ほどの実践家なら、向山が見抜いたような原理を見付けていたはずである。「斎藤喜博は向山洋一より数段高い技術と理論を持った実践家なのである」と私は信じている。ただ彼はそれを言わなかっただけである（「言わなかった」という点で宮原氏の意見と同じである）。言わなかったということは、つまり「かくし財産」にされていたのである。

以上をまとめる。

㈠　小林氏の論を真とすれば、斎藤喜博は「原理」を理解していなかったということになる（つまり、彼の理論はその程度であったということになる）。

㈡　宮原氏の論を真とすれば、斎藤喜博は「原理」を書いていなかったということになる（つまり、「かくし財産」にしていたということになる）。

どちらであっても、斎藤喜博氏は批判されなければならない。検討され直さなければならない。斎藤喜博氏を師と仰ぐ研究者の主張が、それぞれの方角から再検討をいざなっているのである。

（『現代教育科学』一九八二年一二月号）

4　論争は「子供の事実」でこそ

なお、この後私は、「教育実践研究会」から批判された。それに対する私の反論（『現代教育科学』一九八三年一月号）が次の文章である。

「全員を跳ばせる技術」論批判に応える
――「教育技術を分かち伝えるために」――

一

私が主張してきた「全員を跳ばせる技術」について、「教育実践研究会」からご批判をいただいた。

私は、どのような研究的・実践的主張であれ、一度は批判されることは絶対に必要なことであると考えている。このことについて、私は本誌一九八二年二月号の拙稿「実践記録をどう分析し解釈するか」の中で、次のように述べた。

ある研究の結果が真理であるかどうか、ある実践の結果が真理であるかどうかをはっきりさせるためには、研究、実践の結果を公開し、批判検討を加えることが不可欠の条件となる。……

ある研究結果、実践結果について、疑い批判することが加えられるからこそ、その研究や実践に含まれる真理へ辿りつくことができるのである。

また、この検討によって誤りや嘘を排除することができ、その研究、実践に直接関係しない人々も、研究の成果を安心してとり入れることができるのである。

私の研究結果・実践結果に対して、「教育実践研究会」が、「疑い批判する」ことの労をとって下さったのである。その労に、私はまず謝したいと思う。

一つの主張に対して、さまざまな角度からいろいろな批判があって当然である。

実は本稿の執筆中に、宮城教育大学の授業分析センターの本間氏を通して、中森氏の跳び箱の授業へのご招待を受けた。その中で私への批判をしたいということであった。

残念ながら、私はせっかくの機会なのにうかがえなかった。その直前に、新潟大学附属新潟小学校へ国語研究授業の講師として行くことになっており、しかも宮城教育大学からご案内にあった日は、ある出版社の五〇名ほどの教育プロジェクトチームの合宿予定になっていて、私はそのチームのチーフとして参加せねばならなかったからであった。

しかしこのように、一つの主張に対する批判・疑いが出てくるのは、望ましいことである。こうしてこそ、教育実践研究は、真に研究に値するものになっていくからである。

私もまた、そのようなご批判に対して誠実に率直に対応していきたいと思う。誠実に率直に対応することは、批判された側の務めであると思うからである。

二

小笠原氏は、私の「全員を跳ばせる技術」についての論述は明示性にとぼしいと言われる。私はここで、教育実践研究における表現の「明示性」について言及しておく必要を感じる。

私は「全員を跳ばせる技術」について書いてきた。その場合、私の文章の「明示性」が高いというのはどういうことなのか？　それは、「全員を跳ばせる技術」が「本を読んだ人」に、「分かち伝えられる」ということなのである。つまり、本を読んで「全員を跳ばせる技術」を試してみた人が、本当に「全員を跳ばせることができた」という時、その文章は明示性が高い表現というのである。

小笠原氏は、私の「全員を跳ばせる技術」を問題にされた。そして、明示性がとぼしいと言われた。そうであれば、私の方法を追試してみて跳ばせられなかった、という実践を根拠に批判を展開すべきなのである。

教師にとって、教育実践研究を問題にする時、このことこそが最も大切なのである。逆に言えば、このことを抜きにした教育実践研究は、ほとんど価値がないと言ってもよい。

ところが小笠原氏は次のように言われる。

> われわれが批判するのは向山氏の論であって実践ではない。
> 向山氏は、文字どおり「全員を跳ばせる」ことができるかもしれない。しかしそのことは、なんら論の「明示性」とは関係のないことである。……なぜなら、向山氏が「明示」的に伝えていないと批判する斎藤氏は「全員を跳ばせられた」からである。

これはひどい論理である。小笠原氏は関係のないことを根拠とされている。「向山洋一は全員を跳ばせられた」「斎藤喜博は全員を跳ばせられた」という実践は、論の明示性とは、ほとんど関係はない。

問題は、「全員を跳ばせる技術」を、他人に伝えられたかどうかという実践なのである。この実践は技術の明示性の有力な根拠となる。

この点で、向山と斎藤氏はちがう。

向山は跳ばせる技術を他人に伝えられたのである。また、伝える努力をしているのである。斎藤氏は跳ばせる技術を他人に伝えられなかった。また伝える努力もしなかったのである。

斎藤氏が「全員を跳ばせる技術」を明示性の高い表現で伝える努力をしていたら、今までに多くの跳べない子は救われただろう。あるいは他の全員を跳ばせた教師が、その技術を明示性の高い表現で発表されていたら、やはり多くの跳べない子は救われただろう。

だが残念ながら、現在でも跳べない子は多い。いや「跳べない子がクラスに数人いる」という状態が普通である。それは「跳ばせる技術」が、教師の間に伝わっていかないからである。教師の間に伝わっていくような表現がほとんどなかったからだ。

これは重大な問題である。一体今までの教育実践研究は、何をやってきたのかということが問われる。

毎年毎年、膨大な研究物、実践記録、紀要が生産され、しかも「跳び箱を全員跳ばせる」

程度のことが、教師の間に伝わらないというのは、どこかが変なのである。
そこで私は、次のような、たった一つの問いを出してきた。

> 跳び箱を跳ばせられることが、教師の常識にならなかったのはなぜか。

この点について、小笠原氏もお考えいただきたいと思う。
小笠原氏は、さらに次のように言われる。

> 授業論の「明示性」は、まずなによりも教師の教材解釈論に依存し、そして、その解釈論に基づいた自他の批判的考察に依存すると考える。

もう少し、注意深く私の文を読んでほしい。私は「授業論の明示性」などという、巨大なテーマについて書いていない。

また「全員を跳ばせる技術」は、ある授業論の骨格となるような重要なことではない。「全員を跳ばせる技術」は、誰にでもできるささやかな技術である。

だから私は「跳び箱」について言及した最初の論文の中で、次のように述べた。

「跳び箱を全員跳ばせられる」ことは、たいそうに言うようなことではない。誰だってできることなのである。誰でもできることを、「授業の本質等を知っていれば」という天文学的条件をつけた意味で、それ（斎藤氏の主張）は誤りを含んでいる。
さらに「誰でもできる」跳び箱の実践を、「授業の本質を知っている」根拠とされている理論構造は、狗肉と羊頭のごとき関係である。「全員を跳ばせられる」跳び箱の例は、「授業の本質等を知っている」根拠にはなりえないからである。
（『跳び箱は誰でも跳ばせられる』明治図書出版、八五ページ）

この文でも明らかなとおり、私は「跳び箱を跳ばせられる技術」は、授業論などを論じる根拠にはなり得ないことを主張したのである。それは、「全員を跳ばせる技術」があまりにも簡単でささやかな技術だったからである。

では、私は何を論じたかったのか？

「あまりにも簡単でささやかな技術」であるにもかかわらず、教師の世界の常識になっていないことを論じたかったのである。

その中で私は、「技術の伝達」について次のように述べた。小笠原氏の論文の冒頭にも引用されている部分である。

> 私の『開脚跳び指導』の実践記録は、『誰にでも跳ばせることができる』指導技術を明示性を高く伝送したいための努力の結果生まれた。

私は「指導技術」を他人に「伝送したい」のである。指導技術を他人に伝送したいために、「明示性」の高い表現をしようとしたのである。私の表現が、明示性が高かったかどうかを判断する方法は簡単である。私の書いてある方法で跳ばせてみて、跳べない子が跳べるようになったかどうかを調べればよい。

私は、私の技術が伝わっている証拠を再三述べてきた。たとえば、「日本作文の会」の機関誌に載っていた愛知の佐々木俊幸氏の場合を述べた。たとえば仮説実験授業研究会の岡山の小野洋一氏の場合を述べた。たとえば、新潟大附属新潟小の大森修氏の場合を述べた。立場が異なり、体育の専門家でもなく、場所もちがう人々が、それぞれに跳ばせられたのである。つまり「指導技術」は「伝えられた」のである。

これを「明示性が高い」と言わずして、何を明示性が高いと言うのか。

明示性が高い表現とは、「指導技術を他人に分かち伝えられる」ことを意味するのである（小笠原氏に、私の主張以前にあった明示性の高い表現を示していただきたいと思う）。

三

私の主張に対して、小笠原氏は言われた。「これでは跳べない」と。次のようにである。

> それでは、向山氏の解釈、「腕を支点とした体重移動」なるものがこのような運動であるとすれば、はたしてこの運動によって跳び箱を跳び越すことができるであろうか。答は「否」である。

ところが、私の主張によって多くの子供が跳べているのである。

一方においては、今まで跳べなかった多くの子供が跳べるようになったという事実がある。一方、小笠原氏は、向山の解釈によっては跳び箱は跳べないという。

これは実に奇っ怪な主張である。小笠原氏は奇っ怪な主張だけでなく、面妖な主張もされる。

> 向山氏は、文字どおり「全員を跳ばせる」ことができるかもしれない。しかし、そのことは、なんら論の明示性とは関係のないことである。

これは何だ???

一方では、「向山氏の解釈」によっては、跳び箱を跳び越すことができないと言われ、一方では、「向山氏は文字どおり、全員を跳ばせることができるかもしれない」と言われる。どこから、このような面妖なことが出てきたのか。それは小笠原氏が、「部分の主張」を「全体の主張」に拡大したからである。部分を全体に及ぼすという誤りを犯したからである。

小笠原氏は言われる。

> このように向山氏の「支点」という概念では、跳び箱運動を説明することができない。

私は「跳び箱運動」全体を説明してきたのではない。「跳び箱運動」ができない子供の原因の一部分を説明してきたのである。跳べない原因となる一部分のみの運動を説明してきたのである。

だから私は次のように書いた。

> 跳び箱が跳べないのは、腕を支点とした体重の移動ができないためです。子どもにとって、腕を支点とした体重の移動は、簡単なことではないのです。それは未知の感覚なのです。
> 自転車に乗れない子が、乗っている感覚が分からないのと似ています。泳げない子が、水に浮く感覚が分からないのと似ています。
> (『跳び箱は誰でも跳ばせられる』明治図書出版、一二ページ)

「泳げない子」が「水に浮く感覚」が分かったとしても、泳げるようにはならない。泳げるためには、さらに多くの技能を身に付けなければならない。

しかし、「泳げない子」を「泳がせる」ためには、何よりもまず「水に浮く感覚」を身に付けさせる。私の家の前に「立正スイミングスクール」がある。夏の間何度か練習をのぞきに行くのだが、初心者にまずやることは、水に浮く体感を得させる練習である。『0歳からの水泳指導』が講談社から出ている。著者の林夕美子は私の従姉で、最も早くアメリカから0歳児水泳を導入した一人である。その中でも、当然のことながら水に浮くことがまず指導されている。

私は、「開脚跳び指導」の跳べない子に対する指導でも、これと似ていると書いたのである。私は、「跳べない子」に対する指導の最も大切なポイントを書いたのである。このように指導過程を部分に分けることは意味のあることである。

たとえば、開脚跳びの「身体の時空性」をとらえた次のような文がある。

> 次に問題になるのが、手で突き放すということである。このこと自体、支える、しかも腰が高い位置でからだを支える、という身体空間の分節が必要となろう。突き放すという運動がそれに加えられるのである。
>
> （滝沢文雄「器械運動における種目連関について――身体の時空性を観点として――」千葉大学教育学部研究紀要、昭和五六年一二月）

右の滝沢氏のような表現をとれば、開脚跳びが跳べない子供への指導には「腕を支点とした体重移動の体感」の分節がまず必要なのである。

「突き放すという運動はそれに加えられる」のである。

ここは大切なことなので、もう少し論じる。実は小笠原氏のように「突き放し運動」にポイントをおくと、跳べない子を跳べるようにさせるのは、むずかしいのである。

よく知られた方法に、跳べない子に小さな箱を跳ばせる方法がある。あるいは、人間の馬を跳ばせる方法がある。これができれば、開脚跳びができるようになるだろうと思うわけである。小学校教師なら、ほとんどの人が試された方法だろう。誰でも考えつく方法なのである。この「馬跳び」の中には、「突き放し運動」が存在する。それでなくては、跳び越すことはできない。

しかし、この「馬跳び」ができるようになった子を、跳び箱に連れて行ってみる。すると、ほとんどの子が、やはり「開脚跳び」はできないのである。もっとも、この程度の方法でよかったら、全員を跳ばせる方法は、とっくに教師の世界の常識になっていたはずである。

「馬跳び」には、突き放し運動が存在する。それにもかかわらず、なぜ、跳び箱は跳び越せないのか。

それは、跳び箱が「長い」ということである。つまり「突き放す」分節は変わらないが、「支える」分節が長くなるということである。この点こそ、意図的に意識的に教えなければならないということなのである。

だから、ある学級の最後の一人の子供が「(跳び箱を)どかしちゃえ」という助言で跳べるようになったのも、この文脈の中で考える必要がある。

つまり、最後に残った一人は、「体重移動の体感」を何度も教えられた。そして最後に、「どかしちゃえ」という助言が入ったから跳べたのである。

初めから「どかしちゃえ」の助言だけだったら、跳べるようにはならなかったろう。このような助言をすることなど、今まで多くの小学校教師がやってきたことなのである。それでも、跳べるようにならなかった体験を教師たちは多く持っているのである。

松田道雄氏は『育児の百科』(岩波書店)で、赤ちゃんの高熱に次々と医者を替える母親のことを書いている。そして三日目に、「突発疹」の診断をする医者が、名医だと思われるようなエピソードを紹介している。しかしそれは、前の二人の医者を通ってきたから、つまり日数がたったから、三人目の医者も分かったことなのだと言う。

ある学級の場合も、このようなことである。最後に残った一人は、すでに「腕を支点とした体重移動の体感」を指導されていたのである。

四

小笠原氏は、「腕」という言葉をとらえ、次のように言われる。

> 「腕を支点とした体重移動の体感」という日本語として奇異なこの表現をこそ、氏は問題にすべきなのである。

奇異な表現とは何か、小笠原氏は次のような注をつける。

> 「奇異」であるというのは、「支点」というのが、「点」であり、それに対して「腕」は「線」であることからくる。
> 「支点」という言葉を使うならば「腕」上の具体的部位を特定した表現にするのが普通であろう。例えば「肩を支点とした」とか「手を支点とした」というように。

つまり、「腕」は線であるから点にはならない。点であるなら、「手」にせよというわけである。

それでは、小笠原氏の言われるように「手」にしたら、正確な表現になるのだろうか。否である。事態は一向に変わらないのである。

私が当時使用していた教科書の中に、格好の文章がある。そのままお見せしよう。『小学国語』四年上(日本書籍、一一〇ページ)である。

小笠原氏は「腕」に変えて「手」という言葉を論稿の中で使われているが、「腕」でも「手」でも、言葉の明示性という点からは、たいして変わらないのである。

ここで小笠原氏の肩を持てば、確かにニュアンスとしては、「手」は手首から先というような意味あいが強く、腕は肩から先という意味あいが強い。しかし小笠原氏の主張される言葉の明示性から考えたらあまり変わりはない。ここで問題にすべきは「跳べない子の開脚跳びの指導」の表現なのである。これはやはり、腕全体に体重がかかってくるという表現が一番実態に近い。つまり「身体を支える体感」をさせるわけであるから、体重は「腕全体」にかかるのである。

腕全体に体重がかかって、しかも体が移動していく体験をさせたいわけである。私はこ

体とことば

「手」とは、体のどこを指しますか。こう聞かれたら、どう答えますか。

体の左右のかたから出ている部分すべてをいいますか。または、手首から先を指しますか。あるいは、単に手のひらだけを指しますか。どれもみな正しい答えといえるでしょう。

て【手】

①体の、右と左のかたから出ている部分。うで。

②手首から先の部分。

③手のひら。

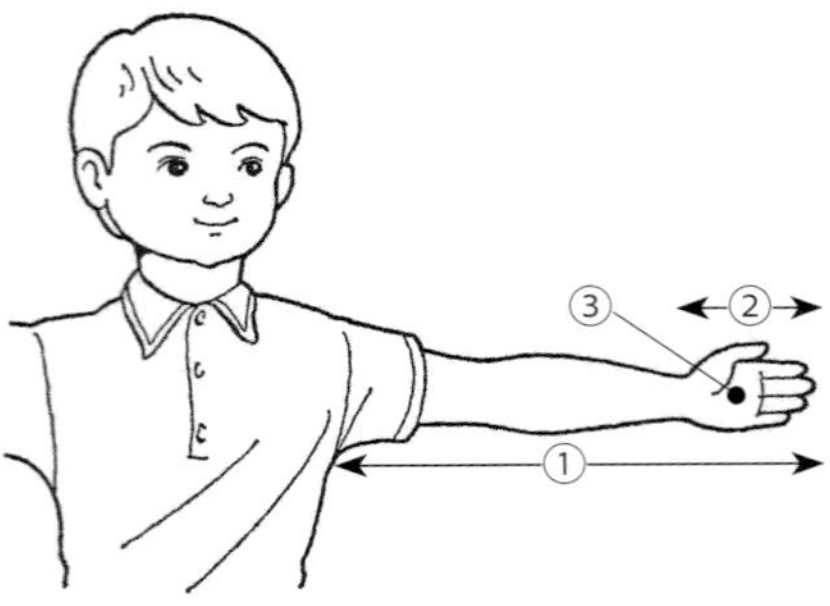

れを「腕を支点とした体重移動の体感」と呼んで差し支えないと思う。判断の基準は何か。この表現で技術が伝わっているからである。しかも「腕を支点とした体重移動の体感」を得させるということも、具体的指導と対応させて理解されているからである。

もちろん、もっとよい表現方法があればそれにこしたことはない。小笠原氏のように受け取られる方が少ないにこしたことはない。

だから、私の表現以上の別の表現が考えられれば、それに替えるにやぶさかではない。小笠原氏にも、ぜひお考えいただきたいと思う。

しかし今は、この表現で技術が伝わり、実にたくさんの子供たちが跳べるようになっているのである。私の技術が、たとえ三〇点の方法であるからといって引っ込める気はない。

私の技術が引っ込められるのは、私を越える五〇点、八〇点の方法が考えられ、広められてからである。

医療品も同じであろう。今まで治療法がなかった病気に、三〇パーセント、五〇パーセントなどの効果は大変なものなのである。その薬は次の薬が出るまでは使われるのである。しかも、今までの私の指導法の効率は九〇パーセントを越えているのであり、一〇〇パーセントという結果を得たクラスも数多いのである。私が確認しただけでも今まで跳べなかった千名以上の子が跳べるようになっているのである。

だから小笠原氏は、私の主張を越えるような実践の結果と正確な表現を示されて、私を批判されるとよい。そうすれば、私を含めてすべての実践家は小笠原氏の批判に賛意を表するだろう。私は本誌の前月号に次のように書いたが、今もその気持ちに変わりはない。

多くの人々に試されれば、私の指導法に対しても疑問が出されたり、改良されたりしていくのであろう。ひょっとすると、もっと別の画期的な指導法が出されるかもしれない。

向山式指導法は否定され、改良型が全国に行き渡っていくかもしれない。それでいいのである。それこそ、私の望むところである。

しかし、改良型も提出できないような、疑問のための疑問、批判のための批判に対しては、私は論争を続けなければならない。教育実践研究は、まさに実践のための研究であり、かつ、実践を根拠とした研究であるべきだからである。

五

教育実践研究会の私への批判は、自らの全員を跳ばせる実践を抜きにした「非実践的」な批判であった。「非実践的」な研究が、大手をふって通っているのだとしたら由々しき問題である。

また「跳び箱が跳べない子を一人でもなくしたい」という願望を抜きにした「跳べない子の指導法研究」も大きな問題である。

だから私は、私へのご批判にお答えした今、小笠原論文の中に出てきた実践家に、次のような公開質問をしたいと思う。

一、先生方の学級・学年・学校で開脚跳びができない子は何人いますか。
二、開脚跳びのできなかった子をできるようにした実践例は、過去何年で何例ありますか。
三、開脚跳びのできない子を跳ばせる方法を、明示性高く表現してください。
四、三に述べた方法を読んだだけで、どのくらいの教師が跳ばせられるようになりましたか。具体的数字をお示しください。
五、私はたった一つの問題提起をしてきました。
「跳び箱を跳ばせられることが、教師の常識にならなかったのはなぜか」

これを、先生方にもお尋ねしたいと思います。これは、なぜだったのでしょうか？

（以上）

小笠原氏は、「教育実践研究のあり方に対する向山批判についても発表の用意がある」と言われる。いずれどこかで向山批判を発表される機会があった時は、ぜひ、右の公開質問状に対する「お答え」も含めていただきたい。そうしてこそ、小笠原氏の論稿は、実践的意味を持つのである。

第3章

「出口」「跳び箱」論争から教育技術法則化運動へ

1　実践記録をどう分析するか

どのように「実践記録」を書くのかは、私にとって大きなテーマであった。事実と「事実」（カギカッコ付きの事実）を、どう扱っていくのかということがポイントであった。「出口」「跳び箱」論争に参加した頃、一九八二年三月号の『現代教育科学』誌に書いたのが、次の文である。

> 「実践記録」をどう分析し解釈するか
> ――「事実」によってこそ事実に近付ける――

一　実践記録に記された「事実」の吟味

「出口」の授業の中で斎藤喜博氏は、次のように発問した。

> そこで私はつぎのような話をした。「みんなが一しょにならんで島村の外へ出て

行くとき、どこまで行ったら島村の出口へ来たというのだろうか。島村ととなりの村との境には橋があるが、橋の出はずれのところへ行ったとき、出口へ来た、というのだろうか、それとも、近くに橋が見えてきたとき、出口へきたというのだろうか」といった。

（「教育学のすすめ」『斎藤喜博全集』第六巻、三九三ページ）

この発問の中で、発問としての意味があるのは次の部分である。

「橋の出はずれのところへ行ったとき、出口へ来た、というのだろうか、それとも、近くに橋が見えてきたとき、出口へ来たというのだろうか」

斎藤喜博氏の「出口の授業記録」から考えると、重要であったのは後半の部分であった。

一九八一年七月六日、六年生の私のクラスで、この部分の発問について追試をした。次の課題を与えて三〇分間で批評を書かせたのである。

私は黒板に次のように書き、原稿用紙を配った。

「近くに橋が見えてきた」という文を分析しなさい。

児童のほとんどが、この文はおかしいと言う。たとえば次のようにである。

六年　Ｋ・Ｍ

この文はおかしい。

「近くに」の「に」がこの文章をこじらせている。正しくするには、「見えてきた」を直すか、「に」を直すかの二つの方法がある。

だが「に」を直すと「の」になって、正確でない文になってしまう。「近くの橋が見えてきた」という文は、どこかにきじゅんをおいて、そのきじゅんの近くに橋があって、それが見えてきたということならいい。たとえば「(駅の)近くの橋が見えてきた」というようにだ。しかし、よく考えると、この文章は「近くに橋が見えてきた」というだけで、きじゅんの場所が書いてないから、やはりへんだ。

だから、やはり「見えてきた」をかえるべきだ。「見えてきた」の部分を「ある」か「見える」か「見えた」の三つのうちのどれかを使って、文をなおせばいい。

六年　Ｙ・Ｓ

この文はおかしい。

「見えてきた」は、最初からあるという意味でなく、だんだん近づいて見えてきたという事だからだ。

近くの橋だったら、最初から見えてるはずだ。だから「見えてきた」ではなく「見えた」としなければいけない。

その反対に、「見えてきた」と書きたいのだったら、初めのことばは、「近くに」ではなく、「遠くに橋が」とか「向こうに橋が」でなくてはいけない。

だから、「遠くに橋が見えてきた」「向こうに橋が見えてきた」という文になるわけだ。

ある子は「見えてきた」の部分を修正すればいいと言う。

ある子は「遠くに橋が見えてきた」という文ならいいと言う。

しかし、いずれにしても「近くに橋が見えてきた」はおかしいと言う。私は子供たちの意見に賛成である。そこで、次のような問題が生じる。

斎藤喜博氏はどうしてこのような発問をしたのか？　小学生でさえおかしいと思う表現をなぜ使ったのか？

私はこの点について、高橋金三郎氏への反批判の中で、次のようにふれたことがある。

斎藤氏は「出口という言葉を拡大深化させるため」、授業中に二度発言した。一度目は、「境界線の見える所が森の出口である」と主張し、二度目は、「遠くの橋が見えてきた所が出口である」と、「島村の橋」を例示した。

しかし斎藤氏は、「遠くに境界線が見える所までの広がりのある『森の出口』は、つまり視線が届く範囲までの長い長い『森の出口』は、誤りである」と考えたらしい。実践記録を数年後に修正する。

「それとも、遠くの（傍点—向山）橋が見えてきたとき、出口へ来たというのだろうか」
（「未来誕生」『斎藤喜博全集』第四巻、二七五ページ）

「それとも、近くに（傍点—向山）橋が見えてきたとき、出口へ来たというのだろうか」
（「授業」『斎藤喜博全集』第五巻、二一一ページ、
「教育学のすすめ」『斎藤喜博全集』第六巻、三九三ページ）

「遠くの橋」が「近くに橋」と修正されている。(『現代教育科学』一九八〇年一一月号)

『未来誕生』の文は「出口」の授業の直後に書かれたものである。『教育学のすすめ』はそれから数年後に書かれている。だから「遠くの橋が見えてきたとき、出口へ来たというのだろうか」という発問が実際にされたのだと推定する。この問いは、かなり強引な例示であるが、この問いをもたらしたのは、斎藤氏の授業に対する考え方であった。「ゆさぶりは、いずれにしてもよい」という氏の考えがこの問いをもたらしたのである。だから後になってこの発問に疵を発見したとしても、記録を修正されない方がよかった。「ゆさぶりはいずれにしてもよい」と主張しながら、一方では「ゆさぶりの発問」の記録を修正するのは大きな矛盾である。ゆさぶりの発問の記録を修正したことは、「いずれにしてもよい」という立場とは相容れぬものである。斎藤氏の主張を斎藤氏の行為が否定しているのである。

以上をまとめる。斎藤氏の授業記録を分析しながら、私は次のような疑問を持った。

(1) 斎藤氏は授業記録を書き換えた。発問の中の「遠くの」を「近くに」と修正した。この授業記録は、記録としていかなる価値があるのか、その範囲が吟味されるべきである。

「出口の記録」を使って「ゆさぶり」を論じた研究者は、この記録の修正をどう考えるのか明らかにすべきである。

(2) 「遠くの」を「近くに」と修正したために「近くに橋が見えてきた」という解釈不能に近い表現が生じた(遠くに見えていてそれが近くなってきたということならあり得るが、斎藤氏の記録では見え始めにしてすでに「近くに橋が見えてきた」となっているのである)。

「出口」の授業の発問を分析したり、解釈したりした研究者、実践家は多かったはずである。

それなのに、なぜ「遠近感デタラメ文」だと疑問を持たれなかったのか？ この解釈不能の表現はなぜ見のがされてきたのか？ 「実践記録を分析する」という行為は、こんなことも発見できないほど弱々しいものなのか？

(3) 「いずれにしてもゆさぶりはよい」と斎藤氏は主張される。

それならなぜ、発問を修正したのか？ 「いずれにしてもよい」のであれば、たとえまちがえた発問でも許されるはずである。「いかなる発問でも、ゆさぶりが生じればよい」と考えてよいはずである。

それなのに斎藤氏は、自分の発問の記録を修正された。

これは斎藤氏の主張「いずれにしてもゆさぶりはよい」を、斎藤氏の行為(「遠くの」を「近くに」と修正)が否定していることになるのではないか?

二　実践記録における明示性

実践記録に表現された言葉「記号」を、「明示記号」と「暗示記号」の二つに分けてみる。井関義久氏(横国大)は、次のように述べる。

「明示記号とは、一つの記号表現(たとえば駐車禁止)に対して、一つの記号内容(くるまをとめてはいけない)しか含まないように構成された記号である。〈記号が情報を伝送する〉と言うのは、このような明示記号による言語に基づくとき成り立つ。この場合、情報は何よりもまず正確に記号化されなければならない。そして、その記号は受信者によって確実に復元化――解釈――されなければならない。理科や社会科の教科書、プラモデルの説明書や薬の服用法等に記された文章が難解であっては、情報伝送の用をなさない。

一方、暗示記号の場合は、一つの記号表現に対して二つ以上の記号内容が含まれているので、受信者によってそれぞれ異なった反応を示すことがあっても、べつに不思議ではない。〈記号が情報を生産する〉と言うのは、このような暗示記号による言語に基づくとき成り立つ。この場合、情報の記号化には、正確さよりも適不適・美醜といったことが規準となる。そして、その記号は受信者によってそれぞれ適当に復元化――解釈――されるしかない。そこにつまずきがあっても、情報源は関知しないのだ。

論説文の表現は、多様に解釈されることを避け、基本的に正確な情報伝送のための明示記号を用いる。そして、文芸作品の場合は、多様に解釈されることを認め、最も効果的な情報生産のための暗示記号を用いることになる。」

（『教育科学　国語教育』一九八一年五月号）

実践記録は、明示性の高い表現で書かれるのを基本とすべきである。

教育実践記録を読むということは、他人の教育実践の情報を得るということだからである。このための情報の伝送は、正確でなければならない。多様に解釈されるのを避けなければならない。

実践記録を正確に伝えようとする多くの教師の努力に支えられて、授業の理論と実践は発展させられてきたのである。

私はこのことについて「跳び箱論争」の中で次のように書いた。


「教育実践記録を書くことは、まとまった教育実践の発展であるというより、より価値ある教育をしたいという絶えざる追究過程への参加である。

すぐれた実践の創造は、教師全体に課せられた共同の仕事であり、幾世代にもわたって引き継がれていく課題である。それは一教師一研究団体だけでできるものではない。」

私の「開脚跳び指導」の実践記録は、「誰にでも跳ばせることができる」指導技術を明示性高く伝送したいための努力の結果生まれた。跳べない子をなくそうという運動が広がりを見せ始めているのは、技術が分かりやすく表現されているからである。

（『跳び箱は誰でも跳ばせられる』）


「出口」の授業記録を「明示性」という点から考えると、いくつかの問題が出てくる。

たとえば、私の投稿論文〈「出口」論争――教室からの発言〉の中の、子供たちの作文から抜き出してみる。これは私のクラスの授業での斎藤喜博氏の授業記録への批評である。

六年　N・N

第二に、初めの意見のどこがまちがいかをはっきりさせてないことである。斎藤喜博氏を含む学級全体が、初めの意見のまちがい（考えが変わった理由）を、何一つとして考えようとしないことである。それなのに、子どもたちは「それがわからなかったんだ」と言ったらしいのだが、「何がわからなくて、何がわかったのか」、私にはわからない。

第三に、斎藤喜博氏の意見が、討論課題から外れていることである。この文によると、この時の課題は「出口とはどこか」であるが、斎藤喜博氏の第二番目の発言は「出口に来たと感じられる所は」について論じられている。斎藤氏はかんちがいをしているようである。「出口」と「出口に来たと感じられる所」をである。

六年　Y・H

私の「出口」に対しての解答は、斎藤先生の述べているのと同じである。それだからこそ、この文章はおかしいのではないかというのが問題になるのである。

「学級全体が変わった」とあるが、先生に対して反論する者はいなかったのだろうか。「これだけではまだわからない」「断定することはできない」と言う子がいなかったのだろうか。

私が斎藤先生のような意見になったのは、〝文の視点〟とか〝まで〟〝に〟〝やっと〟の意味を考えての上なのだ。

このことについては、あの斎藤先生の言葉だけで判断し、断定できるものではない。しかしこの文章の中では、子ども達は断定してしまっている。

私だったらここで、「確かに先生のおっしゃる通りだと思います。しかし先生のおっしゃった言葉だけでは十分でないと思います」と言って、自分の考えを述べるだろう。

六年　M・S

授業が終わったあとの様子を書いた文が、すこしオーバーだ。

「一度に花の咲ききった……」という文は、私だったらかんたんに「きんちょうしていた子供たちが、この一言によりきんちょうをほぐしたのだった」ぐらいにする。それをこんなにオーバーに書くのには、何かわけがあるのだろう。斎藤氏はとても有名なえらい先生らしいので、こんな文を書くと思う。


（『すぐれた授業への疑い』明治図書出版）

小学生の子供が「何がわからなくて、何がわかったのか、私にはわからない」と言う。

これは私のクラスの子供の読解力が低いためか？

そうではあるまい。N・Nは次のように言っているのである。

「初めの意見のどこがまちがいかをはっきりさせてない」、それなのに斎藤氏の授業では子供たちが「それがわからなかったんだと言ったらしい」と問題点を明示しているからである。

また、Y・Hは、斎藤氏と同じ解釈だとしつつも、「あの斎藤先生の言葉だけで判断し、断定できるものではない」と分析し、自分は「〃文の視点〃〃まで〃〃に〃〃やっと〃の意味を考えて」そういう意見になったのだと明示しているからである。

M・Sが「授業が終わったあとの様子を書いた文が、すこしオーバーだ」と言っているのは、このことと表裏の関係をなす。

つまり、斎藤氏の「出口」の実践記録は明示性の低い表現なのである。逆に言えば、暗示性の高い表現なのである。だからオーバーな表現になるのである。

私は暗示性の高い実践記録が存在してもよいとは思う。

しかし「出口」の授業記録は、ゆさぶり実践の例を示す記録としては不適当である。「何がわからなくて、何がわかったのか、私にはわからない」と言われるような表現では、教授理論の分析の対象としては弱いからである。

教育実践記録は、明示性の高い表現で書かれるのを基本とすべきである。そうすることによって、すぐれた教育実践は多くの人々に伝えられる。

情報がどのようにでも解釈できるという表現では、教育技術は伝えられない。すぐれた教育の創造は、多くの教師の努力の総和として結実する。そのためには、多くの教師の努力が明示性が高い方法で伝えられることが必要である。それは、すぐにできることではなく、現在の混乱を整理していく長い努力が必要になる。

出口論争は、そうした努力の一つなのである。

三　「事実」の分析による事実への接近

私は「実践記録」における事実を分析するために、二つの点から「出口」の授業記録を問題にした。

(1)　「出口」の授業記録は、重要な発問の部分が修正されている。

(2)　「出口」の授業記録は、明示性の低い表現で書かれている。

これは「出口の授業」に対する評価をしているのではない。「出口の授業記録」を問題にしているのである。

「出口の授業」と「出口の授業記録」は分けて考えるべきであるということは、宇佐美氏によって何度か論じられてきた。この点は大切な問題であるので、私も言及しておきたい。

教授学研究の会の研究者の方々と私では、事実はどのようにしてとらえられるかという事実への接近方法の考えが異なるように思える。

私は、事実など知ることができないと思う。実践記録において知ることができるのは、事実の一部分を切り取った「事実」(カッコつき事実)だけである。

しかし「事実」が多くあれば、事実に迫ることはできる。つまり「事実」が示す矛盾を解明していけばいいのである。

「近くに橋が見えてきた」という解釈不能の表現はなぜ生まれてきたのか？

「遠くの橋が見えてきた」という発問が「近くに橋が見えてきた」と修正されているがなぜなのか？

また、子供たちは「そうだ、わかった」と言ったが、「何がわからなくて、何がわかるようになった」のか？

斎藤喜博氏の「出口」の実践記録の中には、このような「事実」表現の矛盾、不備が存在する（いかなる実践記録も矛盾を含んでいると私は考えている。もちろん私自身の実践記録を含めてである）。

この「事実」が示す矛盾を分析することによって、事実へ接近することができるのである。

つまり「事実」が示す矛盾の分析は、事実へ接近するための不可欠の条件であると私は考える。「万場一致の判決は無効である」というユダヤ法は、「事実」の矛盾の分析をすることにおいてのみ真理へ到達することができる、という一つの民族の知恵である。

だから、ある研究の結果が真理であるかどうか、ある実践の結果が真理であるかどうかをはっきりさせるためには、研究や実践の結果を公開し、批判検討を加えることが不可欠の条件となる。

それのみか、つまり真理であるかどうかを判断することのためばかりではなく、真理をつかむためにも多くの人の批判・検討は不可欠の条件となる。

ある研究結果、実践結果について、疑い批判することが加えられるからこそ、その研究や実践に含まれる真理へたどりつくことができるのである。

また、この検討によって誤りや嘘は排除することができ、その研究・実践に直接関係しない人々も、研究の成果を安心して取り入れることができるのである。

これが学問のしくみではないのか？

私はそのように考えている。

教授学研究の会の研究者の方々は、事実と「事実」を混同し、「事実」の矛盾の分析においてのみ事実にたどりつけるという認識方法を考えておられないらしい。

たとえば、斎藤氏の跳び箱指導の発言にふれて、小林篤氏は次のように述べる。


「私は、斎藤氏がこのように圧縮した手順で子供たちを指導し、そして跳ばせた事実にもとづいて書いているのである」（『現代教育科学』一九八二年一月号、九六ページ）

ここで分かるとおり、事実と「事実」を混同させている。斎藤氏が跳び箱指導について発言された記録は事実ではない。事実の一部分を切り取った「事実」である。

また、小林氏が事実を見ていて報告した文章も、一部分を切り取った「事実」である。

私は斎藤氏の述べられた方法では、跳べない子は跳ばせられないと述べた。ところが、小林氏はその方法で事実跳ばせたのだと言う。

ここで考えられるのは、斎藤氏の跳ばせ方の説明には、抜けていた点があるということである。つまり小林氏は、「斎藤氏の方法で跳ばせられた」のだと言っているのだが、「斎藤氏の方法」は事実を正確に伝えていないということである。いくら小林氏が事実だと言ったところで、それは事実ではなく、事実の一部分の「事実」しか伝えられていないのである。この点については、本誌来月号の小林論文への反批判の中で具体的に論証する予定である。

そこに書かれてあれば事実である、自分が見たことだから事実であるという認識方法では、授業理論を発展させることはできない。

もう一度言う。

「事実」が示す矛盾の批判的検討こそ、教育実践の事実へたどりつく道であるし、授業理論を発展させていく道である。

四　解釈は読み手の技量に規定される

実践記録を分析するためには、分析する基準を必要とする。分析する基準に共通性があればあるほど、実践記録は多くの教師に正確に伝えられていく。

だが、暗示記号によって伝えられないわけではない。人それぞれに勝手に解釈されるような方法が現実には行われてきた。人によっては、こちらの方を好む人もいる。「俺の目を見ろ、何にも言うな」という演歌の歌詞の一節は、その一例である。はっきりした言葉で伝えるより、以心伝心を大事にする人もいるのである。禅問答を扱った落語もある。腹芸という言葉もある。

勝手に解釈してしまうようなことでも、けっこう世の中はうまくいっているのである。

私はかつて、次のように述べたことがある。

「ぼくは跳び箱を跳べない子だけを集めて、それが三〇人までなら一時間で跳ばせてみせます」。この言葉を人前で言えるようになるまでに、それから五年の歳月が流れていた。ぼくのやり方と斎藤氏のやり方が同じかたちがうか分からない。彼は技術のことを書いていなかったし、ぼくもまた、そのようなことを求めなかったからだ。一つ一つの教育の仕事に全力を傾けていけば、やがて教師の腕が上がったことの一つの証として、跳び箱を全員跳ばせられるようになると思ったからだ」

（『教師修業十年』明治図書出版）

解釈は、解釈する人間の力量によって異なるのである。かつて、将棋の米長九段は、江戸時代の名人の棋譜を見て、「自分が四段の時は名人は四段ぐらいだったろうと思い、自分が八段になった頃には名人が八段くらいだったろうと思った」と述べたことがある。
暗示記号による解釈内容は、受け手の体験の中で、受け手の力に応じて解釈されるのである。

「眼は、それが探し求めているもの以外は見ることができない。探し求めているものは、もともと心の中にあったものでしかない」

（村山陽一郎『近代科学を超えて』日本経済新聞社、二四ページ）

右の言葉は、フランスの科学的犯罪捜査を教える学校の教室にかかげられているという。

これもまた、同じようなことを言っているのである。

確かに、教育実践のすべてを明示記号で伝えるわけにはいかない。明示記号で伝えられるのは、多くは定石の部分である。定石を使いこなす技量を受け入れる準備のある人にしか伝えられない。

実践記録に暗示性が強いものがあってもよい、と私が思うのはそのためである。

しかし、定石の部分を絶えず増やす努力をすること、暗示性の強い技術についての表現を明示性の強いものに変えていくことなどは、当然追究されなければならない課題である。

また「出口」の授業記録が、明示記号では伝えられないものであるかどうかは別問題である。

私は、「出口」の授業記録は、次のように論理の成り立たない授業であると考えている。


「日本人は人ではない」という論理が成立しないように、「境界線の出口は出口でない」という論理は成立しない。成立しない論理で展開されているのが斎藤氏の授業である。

仮に命題A、Bが共に成り立つとする。
①Aも正しくBも正しい。（これが斎藤氏の解釈である）
②Aが正しい。（これが子供たちの解釈である）
③AではなくBが正しい。（これが斎藤氏の授業である）
④そうだ、Bが正しい。（授業後の子供たちの解釈である）

（『現代教育科学』一九八〇年一一月号）

だから、宇佐美氏が次のように問うのは当然なのである。

「ゆさぶり論者」は、個々の場合(例えば「出口」)について、次のような問いに答える用意がなければならない。

①何がゆさぶられ、何は動いていないのか。

②どの方向にゆさぶるべきなのか。

③その振幅は十分に大きいか。

④ゆさぶりの終わったあと何が残るか。

「出口」の授業記録を例に、ゆさぶり概念を教育科学の内容として確立されようとするなら、「ゆさぶり論者」は私の疑問や宇佐美氏の問いに答えなければならない。こうした研究内容は、明示性が高く表現されるべきだからである。受け手によって解釈がちがうのでは、授業理論は構築できない。

だが、私の疑問や宇佐美氏の問いの前に立ちはだかっているのは、実はこのような問題なのではない。「出口——ゆさぶり論争」の本当の争点は別のところにある。つまり、「ゆさぶり」に対する斎藤氏の次のような考えに源があるのである。

一九七二年三月、山形の上の山での研究会で、斎藤先生は、右に説明した「ゆさぶり」について「事実が本質ではない」ということ、そして「ゆさぶることはいずれにせよよい」ということを再度指摘された。

（吉田章宏「ゆさぶり概念の検討」『教授学研究』三、国土社、四七ページ）

「いずれにせよ、ゆさぶりはよい」と斎藤氏は考えられているのだから、授業内容を分析したところで斎藤氏はゆるがないのである（それにしても、「遠くの」を「近くに」と書き換えたことが惜しまれる。これでは「いずれにせよよい」という自分の主張を自分で否定しているようなものである）。

この斎藤氏の主張を、なぜ教授学研究の会の研究者は論争の正面にすえないのか。

吉田氏は『教授学研究』一〇で、牛のよだれのような「森の出口」の解釈を述べられているが、そんなことをされるなら、この斎藤氏の主張をもっと腰をすえて分析すべきである。

斎藤氏のこの主張は、氏の実践を支える骨格である。理論的にも実践的にもこの点をはっきりさせるべきである。

そうでないと、教授学研究の会の実践力は芯を失ってやせ細っていく。それは日本の教育実践にとって、大きなマイナスである。

ただし、暗示性の強いこの主張を解釈するためには、解釈する側に斎藤氏に近い実践力があることが必要である。この斎藤氏の主張はまず、教授学研究の会の実践家こそが受け止めるべきである。

今の私に斎藤氏のこの主張を解釈する力はないが、私はなぜか、斎藤氏の主張に共感を覚える。しかし、それを明らかにするのは私の仕事ではない。皮肉なことに私には「開脚跳び指導」「出口の授業」の二つを批判する役がまわってきてしまっている。

この二つの実践記録を批判的に分析する仕事を、当分の間は続けるつもりである。論争が成立し、それなりの見通しが立つまで発言を続ける予定でいる。これもまた授業の理論と実践の発展を目指した、実践研究のあり方への問題提起なのである。

2　教育研究の断章

私はまたその時々に「研究」「論文」などについていくつか言及をしてきた。その中から、三つを紹介する。

1　基礎基本をなぜ、どう問題にするか
「定義・論理・研究」を意識した研究を
『社会科教育』一九八二年四月号

里野清一氏は次のように言われる。

> 基礎より基本の方を上位概念とし、基礎は、その上位概念を支える知的内容（知識）と、その基本をとらえるのに必要な能力的内容（技能）とを、一応「基礎」と呼ぶことにしている。
> （『授業研究』一九八一年一一月号、以下同）

明示性の低い、不透明な文である。
次のように理解する。

基礎｛上位概念を支える知識
　　　基本をとらえるのに必要な技能

里野氏は基礎の枠組として、知識・技能の二つを示す。宇佐美寛氏によって、この二つに分けることに対する異論が展開されているが、それはさておく。しかし、二つの枠組を示すだけでは定義にはならない。

里野氏の定義の内容をなすのは、「上位概念を支える」と「基本をとらえるのに必要な」である。

定義は一つの提案だから、それ自体は真でも偽でもない。しかし、この定義では外延も内包も不明確である。これで研究ができるのか私は疑問である。

(1)「基本をとらえるのに必要な技能」が基礎であるという。では、「基礎をとらえるのに必要な技能」を何と呼ぶのか？

(2)「基礎」という語は「基本」という語によって定義されている。では「基本」をどう定義しているのか？

(3)「基本」は「基礎」とどうちがい、いかなる意味で上位概念なのか？

里野氏は、戦国時代の小単元の「基本」について、同じ論文の中で次のように二通りの表現をされる。

> A　最も基本としてとらえさせたいことは、「戦国の乱れた世の中がどのようにして統一されていったか」を調べることである。

> B　戦国時代は「世の中が乱れ、生きぬくためには下克上もいとわない時代」といったことが、小単元の「基本」に当たる内容としてよい。

里野氏は「基本は何かを明確にしておかないといけない」と言われる。しかし、里野氏のこの例を読んでも明確にはならない。だいたいどうして二通りの表現が出てくるのか。

(1)　AとBは同じ意味なのか異なる意味なのか？

(2) Aが基本なのか？　Bが基本なのか？　両方とも基本なのか？

(3) Aは「調べさせること」が中心であり、Bは「といったこと」が中心であるが、これには「知識」・「技能」が含まれているのか？

(4) Aは世の中が移り変わったということである（「統一していった」ではなく「統一されていった」と表現されている）。Bは人間の営みに重点がかかっている。AとBでは授業が異なると私は考えるが、里野氏はいかが考えられるのか？

(5) 「下克上もいとわない時代」という文は、何を言明しているのか？

里野氏は次のように言われる。

> 一小単元で、一つの基本的な知的内容をつかませるには、一つの小単元で一つの学習問題を設定し、それをとことんまで追究させていくことがだいじだと考え、一小単元一サイクルの学習過程をたどらせることにした。

(1) 「一つの基本的な知的内容をつかませる」というのは価値観の押し売りである。知識の注入よりなおひどい。複雑な歴史的あるいは社会的出来事を「一、つの基本的な知的内容」に収斂《しゅうれん》させることなど不可能である。
たとえば、「戦国時代」に対して里野氏が示した「基本」は、一つの見方・考え方である。異なる見方・考え方もありうるはずである。極端な例としては有名な次のものがある。
「いや、日本にも戦国時代があった。戦乱相つぐ百年があったと言われるかもしれない。しかしあの程度のことなら、中東では、実に三千年もつづいた状態のうち、比較的平穏だった時代の様相にすぎない。」(イザヤ・ベンダサン『日本人とユダヤ人』KADOKAWA)
もともと、基礎基本は相対的概念なのである。相対的概念としての基礎基本を論ずるべきなのである。

(2) かつて本誌で次のことが主張されていた。
「学習過程の原型は、探究問題の大きさにより、小単元・一サイクル・一時間のどの学習にもあてはまる。……高学年は一サイクル～小単元を基準としている。」

（瀬良賢一『社会科教育』一九七三年三月号）

小単元一サイクルの主張は一〇年前にされていた。では、その一〇年後これを主張するのがなぜ研究なのか。

研究は、「研修」「学習」とは異なる概念である。新しい創造的価値の付与を必要とする。千寿第一小の「研究」は、いかなる意味で研究でありえたのか？　里野氏の主張においてはこの点が全く分からないのである。

私は次のことを主張する。

① 語の定義を明確にすべきである。

② 前提と結論が妥当な関係で結ばれた論理を展開すべきである。

③ 研究とは何かをおさえた上で研究活動に取り組むべきである。

以上のことがないと、多くの場合は教師の努力は浪費されていくのである。

[2] 教師の体験の結晶としての定石

『授業研究』一九八三年九月号

一

定石（定跡）を覚えれば、ただちに技術が向上するわけではない。定石を使いこなす技量もまた必要とされる。

私は将棋の定跡にはやや詳しく、囲碁の定石にはうとい。しかし、定跡に詳しい将棋の腕は初段程度であって、定石にうとい囲碁の腕が四段なのである。

このように、定石（定跡）を覚えることがただちに技術の向上には結びつかない。しかし、技術を向上させるためには、定石を覚えることは不可欠の条件である。

定石とは、先を歩んだ人々の知恵の結晶なのである。その道の中で、最もすぐれた方法として残されたのが定石である。その段階での実践の結論なのである。定石を覚えることを通して、定石の意味も理解していくのである。

定石は、法則ではない。法則が絶対的真理であるとすれば、定石は相対的真理である。

今までの経験の蓄積の中では、この方法が最も良いというのが定石である。

したがって、定石は多くの人々に試されたものでなくてはならない。しかも意見の異なる多くの人々に試されたものでなくてはならない。

定石は常に批判にさらされている。ただ、定石批判にはルールがあって、批判する側も別の方法を示さなくてはならない。

つまり、定石批判は、実践を通してされるべきなのである。今までの定石を乗り越えるほどに説得的な実践的批判なら、それは新手として認められ、新たに定石となる。今までの定石は旧定石として、その歴史的な役割を終える。

定石をこのように考えれば、定石が成立する場面ははっきりする。それは、ある限定された場面、ある限定された教材でのみ定石は成立するということである。

「主体的な子供を育てる」というようなテーマでは、定石は成り立たないのである。

二

先週私の学校に五名ほどの参観者があった。社会科研究のことで岡山県から来られたのである。

話の中で「開脚跳びは誰でも跳ばせられる」ということが出た。岡山県の先生は「あっ、あれは先生だったのですか。本を読んでやってみたら、本当に全員跳ばせられました」と言われていた。

本を読んだだけで、同じことをやってみたら本当に跳ばせられたのである。こういう話を、今ごろになってひんぱんに耳にする。私としては、三年も前から主張していたことなのだが、ようやく広がり始めたのだろう。

これも定石の一つである。開脚跳びのできない子に対する、指導法なのである。それだけに限定された定石なのである。

当然ながら、この定石は、今までの多くの教師の知恵の結晶として生まれた。多くの教師の努力の結果なのである。たまたま私に、多くの努力の成果を濾過する役がまわってきたにすぎない。

この定石も批判にさらされるべきであろう。向山式指導法はいつの日か、それに代わる新定石にとって代わられる。だが現在は、一年間で、今までに跳べなかった子を数千名も跳べるようにさせた実績を持つこの定石は有用であり、多くの教師に必要とされるにちがいない。

口だけの批判は、「跳べない子を私も確かに跳ばせられた」という数々の実践の前には無力となるのである。

三

先月、新潟大附属新潟小学校の研究会に参加した私は、国語についても同じことを聞いた。ある青年教師は次のように発言していた。

「『授業研究』誌に連載されていた向山先生の論文の中に、安西冬衛の詩の実践があった。あんな短い詩で五時間も授業をするなんて、そんな馬鹿なことがあるものかと思っていた。ところが私も、向山先生が書かれているのと同じ発問をしたところ、私が今までに経験したことがないほど子供たちは授業で熱中して、この短い詩の教材で八時間も授業をしてしまった。」

私はこれと同じことを何人もの人から聞いた。

「昼の長さと夜の長さ」についての算数の授業についても、大阪の先生が同じようにやってみたところ、いつになく熱中する授業になったという。

こう考えてみると、「発問の定石」があるように思えてくる。ある教材に限定すれば、一定の成果が得られるような発問があるように思える。

ただ、発問はそれだけではあまり力を発揮しない。安西冬衛の詩の授業では「どの発言もほめること」が大切であるし、「昼の長さと夜の長さ」の授業では、「教師は黙って、答案に大きくバツをつけること」が欠かせない条件になってくる。

このように定石運用の方法も含めた研究がすすめられるなら、教師の努力は確実に次の世代へ伝えられていくにちがいない。

『授業研究』一九八六年一月号

③ 読まれる教育論文を

一

「教育技術法則化シリーズ」は一〇万冊を突破した。


これは何を意味するのだろうか。

七月に出版された「教育技術法則化シリーズ」は、炸裂するように全国津々浦々に広がり、バラ売り換算一〇万冊を突破した。

「若い教師は本を読まない」という指摘がある。多くの人々が言われているから、そういう事実は多いのであろう。しかし、「教育技術法則化シリーズ」を買い求めたのは、若い教師である。これらの本だけではなく『授業の腕を上げる法則』、「教師修業シリーズ」もベストセラーの仲間入りをしている。若い教師が読んでいる。

「第二回教育技術二〇代講座」には、全国からおよそ一五〇名が集まった。そこでの書籍の購入額は一人平均一万円である。大手民間教育団体で、参加者一人平均二〇〇〇円、三〇〇〇円という時に、一人平均一万円の本を買っていく若い教師もいる（民間教育団体の名誉のために付け加えれば、官制・半官制の教育研究集会の一人平均の書籍購入額はもっと悪く一〇〇〇円以下はザラである）。

二

> 若い教師は本を読まない。だから若い教師はひどい。

研究者の多くはこう思われているらしい。

私は次のように思っている。

若い教師は本を読まない。それは読まれない本を書く方が悪い。

これは、現場的発想である。人に何事かを教える教師なら、生徒ができない時、まず自分自身のこととして考えるのが当然だからである。原因を、まず自分自身に求めるのである。ここら辺が、多くの研究者は「現場的」でないように思う。

囲碁名人戦が行われている。趙名人対小林九段である。二人とも木谷門の兄弟弟子である。小林九段は抜群の強さを持ちながら「これ」という大勝負でいつも負けていた。精神面のもろさ、ねばりの足りなさを言われている。

趙名人は自著の中で次のように言った。「小林九段が負けるのは、碁が弱いからである」何とも言えずすごい言葉だと思った。これをまねて言ってみよう。なぜ多くの研究者の本は読まれないのか。

つまらないからである。
役に立たないからである。
大したことが書いてないからである。

これに尽きる。

三

こんな書き方をすると、ますます研究者を敵にまわすことだろう。しかし、事実だからしかたがない。何も私は研究者を天敵と思っているわけではない。私事ながら家人は研究者のはしくれである。宗像誠也の最後の弟子といわれ、最後は五十嵐研に所属していた。

研究者がどれほど誠実であり、どれほど力をもっているかは十分に承知している。だからこそ「読まれない教育論文」の現状を、人一倍何とかしたいと思っているのである。

四

そこで研究者にお願いしたい。

まず、読みやすい文章にしていただきたい。「読みやすい」とは、中学三年生が読んでも分かるということである。「そんなことができるか」という方のために付け加えれば、あのオックスフォード英語辞典（ＯＥＤ）の文章の基準はここら辺りであったという。

次に、具体的に語っていただきたい。文章を書くのには、具体的なことが七〇パーセント以上、抽象的なことは三〇パーセント以下というのが一つの目安である。それを超えると読むのが苦痛になる。私の独断ではない。文章論の常識である。

ところが、研究者の文章のほとんどは、五〇パーセント以上抽象的で、八〇パーセント以上抽象論という人が半数近くおられる。具体的に現象を示し論理を示す、これが研究文章の常識だと思う。

以上のことをしていただければ、かなりの研究者の文章は、私たちの役に立つ。それでもなお「わけの分からない文章」を書かれる人は、見捨てられていく。そうなってほしい。「いいもの」と「わるいもの」がはっきりするように、多くの研究者に頑張っていただきたい。そうなれば私たちは、「いいもの」を求めて行動していく。今のところ「研究」よりも「研究の表現」の方に大きな問題があると私は思っている。

以上、ぜひお願いしたいことである。

3　教育技術法則化運動の誕生

今までの無力な教育研究と訣別する形で、教育技術の法則化運動は誕生した。

以下は、『授業研究』誌一九八四年九月号の論文である。

「すぐれた授業」に私の教室でトライしてみて
斎藤喜博の主張を授業で検証して

斎藤喜博の文章は実践記録であって研究記録ではない。

斎藤喜博の代表的な二つの授業記録は「出口論争」「跳び箱論争」の中で、宇佐美寛氏、向山洋一によって批判された。

教育研究の欠点をえぐったこの論争を基盤として、教育技術の法則化運動が誕生した。

教育技術の法則化運動による投稿論文の募集は、明治図書の各雑誌で先月号から開始された。

—

斎藤喜博の授業の多くは、追試不可能である。

斎藤喜博はすぐれた教師であり、すぐれた校長であった。私は今でもこう確信している。また、楽しい実践記録の書き手でもあった。書き手としての斎藤喜博の力量も並々ならぬものがあった。力量の高い書き手の文章が雑誌に入っていると、雑誌をパラパラとめくっただけで活字が飛び込んでくる。そういう原稿は一つの雑誌に一本あるかないかである。並々ならぬ書き手は世に少ないから、斎藤喜博は多くの著書を残すことになった。

しかし、ここに不幸な一つの錯覚が生じることとなった。多くの教師が斎藤喜博の文章を読み、斎藤喜博が書いたすばらしい実践の後追いを始めたことである。

斎藤喜博の文章は「実践記録」であって「研究記録」ではない。

実践記録は「私たちはこんなにがんばりました」という「がんばり」の報告である。苦悩と感動の記録であり、情感の報告である。また、「こんなにがんばったらこんなに立派になりました」という自画自賛の報告である。

実践記録は、時として多くの人々の胸を打つ。書き手の真剣さが読み手に共感され、感動が伝わる（これはこれで必要なことだ）。

しかし、「技術」は伝わらない。「何をどのようにしたらどうなったのか」という、方法が示されていないからである。示されていてもひどく断片的であったり、都合のいい所だけを書いていたり、書き手が見落としているものがあるからである。

斎藤喜博の「出口の授業」が、「振幅の大きなゆさぶりの例」であるかどうかをめぐって「出口論争」が起きた。宇佐美寛氏が批判したのである。批判された吉田章宏氏は、見当はずれのパロディを書いて口を閉ざした。大切な概念だから、批判された吉田氏は反論を書けばいいのである。大切な概念なのに、研究者はそれぞれの自説を主張しているだけなのである。

たとえば、かつて吉田氏は「ゆさぶり」についての斎藤喜博の発言について、次のように書いた。

一九七二年三月、山形の上の山での研究会で、斎藤先生は、右に説明した「ゆさぶり」について「事実が本質ではない」ということ、そして「ゆさぶることはいずれにせよよい」ということを再度指摘された。

（吉田章宏「ゆさぶり概念の検討」『教授学研究』三、四七ページ）

ところが、同じことについて正反対の論述が次の本にある。

「ゆさぶり」は、ややもすれば、「ゆさぶりはいずれにせよよい」とか「とにかくゆさぶればいい」とか心理主義、操作主義的に理解される危険性があるが、決してそうではない。

（吉本均・加藤誠一編著『授業づくり入門』明治図書出版、一三七ページ）

斎藤喜博は「ゆさぶることはいずれにせよよい」と主張しているのであるし、吉本均氏たちは、それではいけないと主張しているのである。両者の主張は正反対である。

これは、私のような東京の片隅の一教師がわめいているのと事情はちがう。教授学の大立者といえば斎藤喜博、教授学の第一人者といえば吉本均という、両権威の主張がちがうのである。

しかもくいちがいは、教授学にとって重要テーマの一つ「ゆさぶり概念」なのである。

こういう点を追究するのが、つまり学問すること、研究することではないのか？　こんな大切なことを追究しようとしない教授学なら、私には必要ない。

二

斎藤喜博が「跳び箱を全員跳ばせられる」と主張したことは有名である。代表作『授業入門』にも次の記述がある。

> 五年の男の子が跳箱をしていた。担任の先生は、はじめ子どもたちを集めて、いろいろ注意をしていた。それから、二列にならばせ、二つの跳箱で練習させた。だが先生は、ただそれを見ているだけだから、いつまでたってもとべない子どもが幾人もいた。
>
> 私はそれを借りてやってみた。二つの跳箱の間にはいり、つぎつぎと走ってきてはとぶ子どもたちに目をくばっていた。ふみきりの遠い子どもがいる。その子どもにはそれを指示した。その子がつぎに走り出すときには、またそのことを注意した。ふみきりでジャンプしすぎる子どもがいる。その子にはそれを注意した。ふみきるのといっしょに、ずるずると手を出してしまう子がいた。その子には、「もっと手をおそく出せ」と注意した。
>
> そんなふうに、それぞれの子どもの弱点を、とぶ瞬間につぎつぎと指示して、何

回かやらせているうちに、ふたりだけを残して全員がとべるようになってしまった。残ったふたりは気力の問題だった。「こわい」という気持ちが強くてとべないのだった。それで、こんどは、そのふたりだけを別にして何回か指導した。このふたりもすぐとべるようになってしまった。

（「授業入門」『斎藤喜博全集』第六巻、八〇ページ）

この文章で一応の「追試」はできる。跳べない子に、その場で「とっさの指示」をすればいいのである。指示する言葉は、たとえば「もっと手をおそく出せ」というようなことである。これなら、まず九割の教師はやることができるだろう。きっと、同じようにやった教師もいるにちがいない。だが、多分「追試」した教師の全員が失敗したはずである。

向山の主張はどうも誇張があっていけない、という方のために、さらに付け加える。そう思う方は、どうかこの斎藤喜博の書いた方法を試していただきたい、これで全員跳ばせることなど無謀だということを実感されるはずである。

さて、斎藤喜博はこの文のとおりにやって跳ばせられたが、他の教師はできなかったという図式が生じた。斎藤喜博はそれを後に（一〇年後に）次のように説明した。

「ぼくが指導すると閉脚とびでも開脚とびこしでもできるようになる」「どんなとべない子でも連れてきてくれれば、一五分で完全にとべるようにしてみせる自信を持っている」と、当然のことをいっただけである。
（中略）
それは授業の本質を知っており、教材の本質を知っており、指導の技術なり方法なりを持っていたからである。
（「教育学のすすめ」『斎藤喜博全集』第六巻、五〇四、五〇六ページ）

つまり、できないのは「授業の本質、教材の本質」を知ってないからだと断じたのである。教師は善意の人が多いから、「私は駄目だ」と、ずい分の人が落ち込んだことであろう。「書いてあるとおりにやっても跳ばせられないし、できないのは本人の力が低いからだ」と断じられたからである。

しかし、この文章のとおりにやって、跳ばせられないのは、当然なのである。

跳ばせるためには「腕を支点とした体重移動を体感させせなければならない」のに、それがこの記録にはないからである。

だから、この実践記録の方が問題なのである。本当は次の二つのどちらかだったはずである。

A　斎藤喜博は、この「記録」のとおりに実践した。だが全員を跳ばすことはできなかった。

B　斎藤喜博はこの「記録」のとおりには実践しなかった。そして、全員を跳ばすことができた。

私は、Bの場合であると推定する。つまり斎藤喜博は、やったことをすべて書いてなかったのである。書き落としたことがあったのである。

どんなことを書き落としたのか、これを私は推定することができる。四半世紀前の出来事である。私はまだ中学生だった。当然、この現場を見ていない。

しかし私は、九〇パーセントぐらいの自信を持って推定することができる（向山の奴、何をまたえらそうに、と思う人も、ぜひ推定していただきたい）。

――斎藤喜博は二台の跳び箱の中間に立った。一回目は、とにかく跳ばせて観察したことだろう。跳び箱が跳べない子がかけてくる。手をずるずると出して、跳び箱にすわってしまう子がいる。斎藤は「手をもっとおそく出せ」と、鋭く指示を与える。

子供は、当然跳べない。そして跳び箱にすわってしまう。子供は、すわった跳び箱から片足をついて下りようとする（どこでも見られる光景だ）。

そこにまた、斎藤喜博の鋭い指示が跳ぶ。「跳び箱を両手でたたいて、跳び下りなさい」「マットの先までいってからもどりなさい」。つまり、跳び箱をまたいだままの姿勢から両手をたたきつけるようにして、跳び下りさせたのである。運動を助走開始から、マットを出るまでの一直線上の動きとしてとらえさせたのである。

以上のようなことを、何回か繰り返した。子供たちは当然跳べるようになる。

この際、大切なのは「手をもっとおそく出せ」という指示ではない。こういうことをいくらやっても跳べるようにはならない。

しかし、両手で跳び箱をたたいて跳び下りさせる指示は有効である。「腕を支点とした体重移動の体感」をさせているからである。

こうやって、斎藤喜博は跳ばすことができたはずである。

だから斎藤喜博の実践記録は、追試するには重要なポイントが欠落した記録であった。

奈良女子大附属小研究会発行の『学習研究』誌（一九八四年四月号）で、小林篤氏は次のように述べられている。

技能の技術化のためには、①技能を言語化、文字化して、②そこに潜む原理を探り、③その技術のコツとか勘所を明らかにすることが必要である。誰かがこの作業をしなければ、名人芸は、一代限りのものになってしまう。
これと全く同じことが、授業分析の場合にも言える。「一五分あれば、どんな子供でも跳び箱を完全に跳ばせることができる」という斎藤喜博先生の技能が、技術として広く世の教師の共有財産にならなかった原因のかなりの部分は、先生の体育授業の「紹介者」である私に、右の②や③のことを行う能力が不足していたことにある。このことを通じて私は、「見る目」がなければ授業分析はできないということを、痛感させられたものであった。

小林氏のこの見解は、「向山・小林跳び箱論争」の一つの結果である。が、斎藤喜博の技能が広く教師の共有財産にならなかった「原因のかなりの部分」は、「小林篤氏にあった」のではない。

小林氏は、有能な体育の研究者である。小林氏の体育の論文は、体育科教育界の中では抜きん出てすぐれている。問題なのは、そうした小林氏でさえ、なぜ「技術」にすることができなかったのかということである。

さらに斎藤喜博のほかにも、全員を跳ばせた教師は多くいたはずである。それなのになぜ、「跳び箱を跳ばせられる技術が、教師の常識にならなかったのか」が最大の問題なのである。

教育界における研究のあり方・方法・研究論文の書き方などが、見直されなければならないのである。

三

斎藤喜博の有名な「出口の授業」は、次のように書き出されている。

あきおさんと　みよ子さんは　やっと　森の　出口に　来ました。ふたりは
助け合いながら　やっと　家が　見える　所まで　来ました。つかれきって

速く　歩く　ことができません。

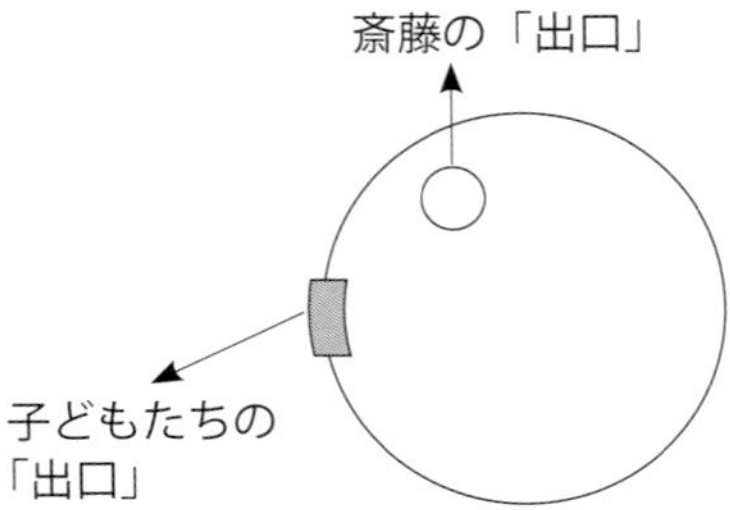

　子どもたちは、この「出口」ということばを問題にしていた。もちろん「出口」は「でるくち」という一般的解釈はみんなわかっていたのだが、その上に立って、学級全体で、さまざまの考えを出し合っていた。そしてその結果、森の終わった最後のところ、すなわち、森とそうでないところとの境が、「出口」だ、という解釈を出して喜んでいた。
　その授業をみていた私は、「そんなところは出口ではない」といって、上のような図をかき、私の「出口」を示した。
（「授業」『斎藤喜博全集』第五巻、二一〇ページ）

私は、この授業場面を描くことができない。

どのような「さまざまの考え」が出たのかが、さっぱり想像できない。

「出口」は「でるくち」ということは分かっていたのである。それなら「森の出口」は「森

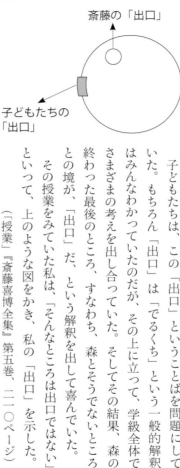

のでるくち」となる。それに決まっている。

話し合いの結果、子供たちは「森の終わった最後のところ」「森とそうでないところとの境」が出口だと解釈したとある。では、これ以外にその時、どんな意見が「さまざま」出ていたのか？「森に戸がついている」「かきねのような入口がある」とでも考えていたのだろうか。そうだとすれば、いかにも幼稚である。

こんな推定は島小学校の実践に対して失礼であろう。

さらに、その次がまた分からない。著書の『授業』によれば、斎藤喜博は「図を示した」のである。ところが、同じ授業についての著書『未来誕生』では、次のように書いている。

「私はそれに対して、反対の解釈を出した。そういう最後のところではなく、ふたりは、境界線の見えるところまできたとき、出口にきたと言った[A]のであり、出口というのは、もっと広い範囲をさすのだと言った。[B]」(『斎藤喜博全集』第四巻、二七五ページ)

同一の授業について「図を示してから言った」と、Bの口で「言った」の二種の記述がある。どちらが真実の実践で、どちらが嘘の報告だったのか、考えざるを得ない。

さらにさらに、Aの「言った」も問題である。ここでは「あきおさんとみよこさんが」「出口に来たと言った」というようになっている。つまり、作中人物が言っているのである。

しかし、教材の文をよく読めば分かるとおり、二人ともそんなこと言ってはいない。「やっと家が見える所まで来ました」は、話者が言っているのである。このように『未来誕生』という「出口の実践」の直後に書かれた文章には、ひどいところが目立つ（そのひどいところは一〇年後の『授業』ではすべて書き換えられている）。

さらにさらにさらにまた、この授業記録には重大な記述の変更がある。

斎藤喜博が「そんなところは出口ではない」と主張すると、子供たちは猛烈に反対した。「そこで、私はまた自分の意見を出した」と斎藤は書いている。「島村の出口」に来た時を例示したのである。『未来誕生』には、そう書いてある。

しかし、一〇年後の『授業』ではちがう。「子ども達が猛烈に反対した」「そこで島村の出口の例を話した」の間に、次の場面が挿入されている。

> 私はそこで「同じことばでも、解釈は一つだけではない。この文章では私のほうが正しいと思う」といった。すると子どもたちは、こんわくしてしまい、立ち上がっていたものも、しょんぼりすわって、考えこんでしまった。
>
> （「授業」『斎藤喜博全集』第五巻、二二一ページ）

『未来誕生』は「出口」の実践がされた直後に書かれた。その時の文には、この部分はない。一〇年後の『授業』に登場した場面である。

私は、この場面は斎藤喜博の作りごとだと思う。そう言って悪ければ、思いちがいであろう。

「そんなところは出口ではない」という斎藤喜博の発言に、子供たちは猛烈に反対したとある。斎藤喜博が挑発したのである。授業の流れからいけば、ここは、力でねじふせるのが自然だ。それが「ゆさぶり」の流れというものである。

だから、「島村の出口」の例をすぐに持ち出して、ねじふせたと見るのが妥当である。

私なら「同じことばでも、解釈は一つだけではない」というような、どこかねぼけた、ピントのずれたことを、この緊迫の場面では出さない。

斎藤喜博の作りごと、思いちがいと断ずるのは行きすぎであるという人も、一〇年後にこの部分が挿入されたという事実は認めざるを得ないであろう。

さらにさらにさらにさらに、島村の例示が問題であった。『未来誕生』では次のように述べている。

「みんながいっしょにならんで島村の外へ出ていくとき、どこまでいったら島村の出口へきたというのだろうか。島村と、となりの村との境に橋があるが、橋の出はずれのところへいったとき、出口へきた、というのだろうか、それとも、遠くの橋が見えてきたとき、出口へ来たというのだろうか」といった。

これをまた、一〇年後の『授業』で修正された。つまり、斎藤喜博は、いくらなんでも「遠くの橋」が見えてくるのが出口だとはおかしいと思ったのだろう。次のように変更する。

「それとも、遠くの（傍点—向山）橋が見えて来たとき、出口へ来たというのだろうか」
（「未来誕生」『斎藤喜博全集』第四巻、二七五ページ）

「それとも、近くに（傍点—向山）橋が見えてきたとき、出口へきたというのだろうか」
（「授業」『斎藤喜博全集』第五巻、二二一ページ、「教育学のすすめ」『斎藤喜博全集』第六巻、三九三ページ）

斎藤喜博としては「遠くの橋が見えてきた」が「出口」の例示として変だから「近くに橋が見えてきた」に修正したのだろう。

だが、修正したおかげでよけいおかしくなってしまった。この文章を、私の教え子ならどう分析するかと思って追試したことがある。

一九八一年七月六日、六年生の私のクラスで、「出口」の授業記録の一部分を与えて批評させた。作文の時間は、三〇分間であった。

斎藤喜博の発問の一部分である。斎藤氏は授業で三度しか発言していないのだから、この発問の比重は重い。私は黒板に次のように書き、原稿用紙を配った。

「近くに橋が見えてきた」という文を分析しなさい。

児童のほとんどが、この文はおかしいという。たとえば次のようにである。

六年　H・N

「近くに橋が見えてきた」という文から、ぼくはこの文の風景を考えようとしたがやめた。

先生も、へんな文を出したもんだ。

「近くに橋が見えてきた」という文は、「遠近感デタラメ文」だ。

「近くに」っていうのは、ぼく流にいくと、すぐ近くにというふうな意味の文である。

文の最後の「見えてくる」というのは、とおーくのものがぼんやりとみえてきて、だんだん近づくにつれて、はっきりしてくるというような意味だ。

そうすると、文句なしにこうしなくてはいけない。


——近くに橋が見えた——


もう一度書く。これは「遠近感デタラメ文」だ。

「近くに」というのは、特別な場合をのぞいて、近くのことを指す。なのに、「見えてきた」とある。これは遠くのものが、はっきり見えてきたとかいう場合につかう。

だからこの文は、「初め近くて、あと遠い」という文だ。だから、この文はおかしい。


（向山洋一『すぐれた授業への疑い』明治図書出版）


斎藤喜博の出口の授業記録は二つある。

実践直後の『未来誕生』と、一〇年後の『授業』である。

『未来誕生』の実践記録を一〇年後の『授業』で次のように修正した。

一　「そんなところは出口ではないと言った」を、「図で示した」にする。

二　「子ども達が猛烈に反対した」後に、「同じことばでも、解釈は一つだけではない。私のほうが正しいと思う」を挿入する。

三　「遠くの橋が見えてきた」を「近くに橋が見えてきた」に書き直す。

つまり中心的な部分を、すべて修正した。これでは追試はできない。

四

跳び箱は誰でも跳ばせられるという向山式指導法の主張は、全国に急速に広まった。新卒の教師、体育の苦手な女の教師が全員を跳ばせてしまって、体育主任のクラスに跳べない子がいるという珍現象が、全国あちらこちらで生じている。

本を読む層は、二〇代三〇代に多い。本を読まない教師、勉強をしない教師はどんどん時代から取り残されていく。それは、しかたのないことだ。

向山式跳び箱指導によって、私が確認しただけで数千名の跳べない子が跳べるようになった。自分一人でひそかにやってみた教師による成果を含めれば一〇倍、二〇倍になるだろう。実践した教師の一〇〇パーセント近くが何らかの成果を上げている。

向山式跳び箱指導のような教育技術を全国から発掘し、追試し、広めていく仕事を誰かがしなくてはならない。ところが「誰かがぜひぜひやってほしい」と思っているうちに、その仕事が私にまわってきてしまった。

明治図書出版の各雑誌で呼びかけが始まった。「教育技術の法則化運動」がそれである。

これは、一人一人に「論文投稿」を呼びかけている。誰でも一つや二つ、「この時こうするとうまくいく」というものを持っているはずである。

本で読んだ方法でも、他人に聞いた技術でも、その旨を明記すればかまわない。

たとえば、「ドッジボールの工夫」「ごんぎつねの導入発問」「鉛筆の持ち方の指導」などである。

先日の私のサークルで一位になったのは、「ゴミのひろわせ方」であった。

どこがいいかというと、「これなら私でも書ける」「なんだ、こんなのでいいのか」という絶好の見本だからである。

こういう論文を全国から集めて、分類して一〇冊の本にした。どの本もすべて、「すぐに使えるうまい方法、技術」だけが書いてある。

この募集を、年に三回の割で毎年続け、何年か後には、教育のすべての教科、学年、領域にわたる技術が集められていく。

こうして教師が作り、教師が考え、教師の世界に伝わってきた技術の集大成が出版された。これなら、どの教師も役に立てる。助かる。もちろん、教育の仕事にとって、こういう「技術」の部分がすべてではない。しかし、このような誰でも身に付けられる、または付けておくべき定石を学ぶことによって、プロへの第一歩が始まり、その上で、定石を使いこなす技量を身に付けていけばいいのである。

教師としての基礎的技術さえも身に付けていなくては、すべて絵そらごとなのである。確かな教育の創意は、子供たちから課せられた教師全体の仕事である。

教育技術の法則化運動は、その課題に答えようとする一つの努力である。

斎藤喜博を追ってきた教師は、今それを過去のことにしようとしている。新しい時代には、新しい時代の教師の努力が求められるのである。

4　処女論文に見る教育への志

私が明治図書出版の雑誌から初めて「原稿依頼」を受けたのは、一九八一年であった。

私は「絶えざる追究過程への参加」と題して「向山式跳び箱練習法」を公開し、斎藤喜博氏の方法が氏の私有財産になっている現状を批判した。この論文は、わずか原稿用紙一六枚だったが、ここにはそれ以後の動きを象徴する主張が込められている。

歴史に残るような「動き」は、必ず「大きな志」があり、それを主張する人があり、支える人があり、賛同する人があり、そして批判する人もいて、大きな共鳴作用が生じて起こるのである。

とりわけ重要なのは「大きな志」である。

ロマンであり「夢」である。

むろん単なる「夢想」ではいけない。大きな問題意識に支えられたロマンが必要なのである。これこそが、人々にエネルギーを伝えていくことができる。

法則化の本を読んで「夜も眠れなかった」「一気に読んだ」「影響を受けた」という人は多い。一冊の本、一つの論文が人の心をとらえ、動かすのである。そのことなくして、法則化運動は成長しなかった。

この論文で私は次のことを述べた。

「教育実践記録」を書くということは、「研究の成果の発表」ということより、「より価値ある教育をしたいという絶えざる追究過程への参加」なのである。

「断えざる」ではない、「絶えざる」である。終わることのない、永遠なるという意味である。

「価値ある教育」というキーワードは処女論文に登場する。教師なら誰しも「価値ある教育をしたい」と願う。その願いが真実なら、「実践記録を書く」ということがつきまとうはずである。それこそが多くの教師と共に、自分も参加することの証しなのであるから……。

なおこの時「研究論文」については、ふれていない。しかし私は、むろん「研究論文」と「実践記録」のちがいを意識していた。そして私は「価値ある教育」を目指した実践の創造は、「教師全体に課せられた共同の仕事である」と宣言する。

あたかも、「がん」への闘いがすべての医師の共同の仕事であると同じように……。

この課題は、私たちだけではなく、私たちの世代だけではなく、十年後の五十年後の、百年後の千年後、三千年後の約百世代にわたたって引き継がれていく課題なのである。

このような大きな枠組でとらえることによってこそ、初めて「子供の生命と魂」を預かるというような恐ろしい仕事に正面から対応できる。
小さな枠組でしか見られない人には、しょせん小さな教育しかできない。小さな世界にとじこもっている人には、子々孫々にまで託していくような仕事はできない。

むろん、一教師一研究団体だけでできるものではないのである。一研究団体のセクトにとじこもることは、道を遅らせる。法則化運動がまちがえているなら、それをつぶして別のものを作ればいい。私は第一回の法則化運動の合宿の時、すでにそのことを明言していた。

処女論文に、その後のすべてが書き込まれていた。
「原稿依頼の第一回の論文が、今日の向山をあらしめたのだ」と言っていいだろう。私は三七歳であった。今なら「手遅れのデビュー」であろうが、当時はこれでも、最も若いライターであった。

私は論文を次の言葉で書き出し、最後も全く同じ文で閉じた。

> 教育実践記録を書くことは、まとまった教育実践の発表であるというより、より価値ある教育をしたいという絶えざる追究過程への参加である。
> すぐれた実践の創造は教師全体に課せられた共同の仕事であり、幾世代にもわたたつ

て引き継がれていく課題である。それは一教師一研究団体だけでできるものではない。

自己否定ができること、自分を客観的に見ることが可能なこと、いきり立つ相手に静かにおだやかに反論できること――こうしたことができずして、どうして「教育研究」などをすることができるだろうか。

そして私は、続けて次の論文を書いた。

　教師全体の共同の仕事の一部分を担っているという見通しを欠いた実践研究は、研究の私的所有を色濃くし、自己満足のぬるま湯におとしこむ。たとえすぐれた実践家であっても、その陥穽からはのがれにくい。

当時「教育技術・方法」をかくし財産にするなどということは当たり前だった。「うまい授業をする」と有名な附属小教官が、実はポイントをかくしていることなどいくらでもあった。法則化運動が誕生したことで、このような名人芸のポイントは、次々と世に出ることになった。

今までいくつかの「かくし財産」で尊敬を受けていた人々は、あわてた。若い教師が苦もなく、それをやってしまうからである。法則化運動誕生のころの、「授業がうまい」と言われていた人からの反発は、すごいものだった。このように「名人芸」を「かくし財産」にすることで、一部の人は尊敬を受けていたのである。

そのかげで、「教育の方法は自分で考えるものだ」という主張がはびこり、その結果、見るも無残な我流の方法が（本人はいいものだと思っていたろうが）蔓延していたのである。

私は、次のような主張を書いた。

> 誰でもできる技術を公開されない態度は、尊敬できるものではない。
> 病気の治療技術を開発した医師は、それを公開する義務を負う。思想・信条・国のちがいをこえて公開される。

学問・研究の成果は、原則として公開すべきものである。これが学問・研究の本質である。教育研究もまた同じである。

では、公開さえすればいいのだろうか。そんなことはない。公開された側に責任が生じる。それが正しいかまちがいかを判断しなくてはならないからである。このような手続きが学問では必要である。私は次のように主張した。

それは検討・追試等の試練を経て人類の共有財産となる。すぐれた教育実践もまた、共有財産とすべき性格を持っている。
教育実践を共有財産にする上で、実践の公開と批判・検討は不可欠の条件である。立場の異なる多くの人々の批判・検討を経るからこそ、その真理性は高いものとなり、その後の人々は安心して受け入れるのである。
実践・研究の場には、このようにして誰しも安心してその実践・研究を受け入れるような、嘘や誤りを排除するような制度が存在しなければならない。

それは、「検討」「追試」等の試練を経て人類の財産になるのである
私は、明治図書出版の依頼原稿で発表した第一回の論文の中で、「検討」と「追試」の必要性を主張している。また、多くの人々の批判、検討を経て、徐々に真理性の高い方法を作り出していくことを主張している。

これが「法則化」である。

あまり勉強しないで「法則化批判」をする人は、「教育に完成された方法などない」と言う。

そのとおりである。それこそ私（ども）の主張である。私は第一回論文発表の時から、「永遠の追究」「絶えざる批判・検討」「真理性の高い方法を作り出していく学問のしくみ」について主張していたのである。

そして、私は次のような「批判への反論」も主張している。

> 「一般的に通用する模範解答的な授業の型をつくり出すことはできない」（『現代教育科学』一九八〇年三月号）という山本氏の言を私はある意味で理解する。
> 同一の指導案で授業をしても、教師によって授業は異なるからである。同一の定石を使っても、打ち手によって囲碁が異なるようにである。囲碁の展開を支える技術・思想の習得に一定の修業が必要なように、授業の展開を支える技術・思想の習得に一定の修業が必要である事を私は理解する。

「全く同じになる」などということは、あり得ないことを私は述べている。

修業の結果として腕がちがえば、授業はちがってくる。同じ発問でも授業はちがってくる。そのちがいは何か——そこから教師の技能が見えてくるのである。

しかし、全く授業がちがってしまうということはない。大きな枠組では「同じよう」に言うことは可能である。

すぐれた「発問・指示」で授業をしても、全くうまくいかないことがある。実はそれこそが問題である。新卒一年目の女教師のクラスが混乱したのと、同じような問題がそこにはある。ほとんどの人ができる「向山式跳び箱指導法」をやって、まるで駄目な人もいるだろう。それは、教師としてのミニマムな技量さえまだないということなのである（これは、大テーマなので別の機会に述べようと思う）。

さて、技量がちがえば授業はちがう。しかし、「基本」を学ぶことをしなくてもいいということではない。私は次の点を主張した。

しかしそれは、定石がどうでもいいということではない。誰しも定石の習得を通して、展開の技術・思想を獲得していくからである。定石とは基本的技術・思想の集大成によってできているからである。定石は無数の人々の参加によって創られ、確かめられたものだからである。
教師にとっては、展開を支える技術・思想の習得・創造と共に、定石の習得・創造も大切な課題なのである。前者を重んじるばかりに、後者を軽んじてはならない。

「定石」という言葉は、ここで登場する。私は次の四つを主張した。

一　定石の習得を通して技術・思想を獲得していく。
二　定石は基本的な技術・思想の集大成である。
三　定石は無数の人々の参加によって創られ確かめられる。
四　定石の習得・創造は大切な課題である。

今読み返しても、直す必要のない主張だと思う。
これは様々なプロの芸道、仕事の中で確かめられてきた鉄則ともいうべきことである。
教育界だけが遅れているのである。
そして私は、教育界の最大の問題を次のように提示した。

「踏び箱を跳ばせられる」ことが教師の常識とならなかった実践・研究に、私は小さくない問題を感じる。
「すぐれた教育実践は共有財産であるという思想」、「共有財産にする上で実践の批判・検討は不可欠であるという研究的方法」、「共有財産はすべての教師の参加によって創られているという学問的組織論」の確立が、一部の人々の努力にもかかわらず遅れているのである。

教師の世界の質を向上させるためには、どうしても本物の「学問・研究」の方法を確立する必要があった。それまでの教師は（多くの場合今も）、一度教師になったら、「我流」のやり方をするだけであった。

「我流」の状況は、しばしばどうしようもないくらい劣悪の状況を生み出す。プロならそれがどのような分野でも、「基本的なこと」をみっちりと学ぶ期間があるものなのである。

NHKテレビの対談で元阪神の江夏豊氏と話した時、これについて聞いたことがある。

彼は、「プロの技術は自分でつくるものだ」と強調していた。

「それは、そうでしょうが、甲子園に出場するとか、アマの時はどうですか」と私はたずねた。

「それはむろん、基本をしっかりやることです。基本を持ってないとその後が伸びません。自分流じゃ途中で駄目になります」と江夏氏は言った。そして、続けた。

「中学生の大会で優勝した子の親が、うちの子に才能があるかと聞いてくることがあります。そんなのは、まだ分からないです。まだまだプロ以前の問題です。私はお母さんに、『元気に育てて下さい』と言っています」

江夏氏に、「プロとは、たとえばどういうことをするのか」と私はたずねた。

「そうですねえ」と言って彼は、「ボールをずっとにぎっています」と答えた。

朝、起きた時には、もうボールをにぎっているという。その日の調子によって、ボールの感触が微妙にちがうそうだ。

プロならば、このくらい一筋に打ち込んでいる。

教師のプロならば、一筋に「授業」「教育」に打ち込んでいて当然だろう。教育雑誌の五、六冊を毎月読んでないようでは、アマの水準と言われてもしかたない。

我流が大手をふって通用していた教育の世界――だからこそ、「跳び箱を全員跳ばせられる」といった程度の技術でさえ常識にできなかったのである。

かつて斎藤喜博が全員を跳ばせた時、教育界の人々は、研究者もベテラン教師もあげて

「それは斎藤喜博だからできたのだ。名人だからできたのだ」と賞賛していたのである。

このような教育界の現状を打ち破るためには、次の三つのことをする必要があった。

一　すぐれた教育実践は、共有財産であるという思想の確立と普及

こんな主張でさえ、普及するには多くの非難・批判・反対にあうことは目に見えていた。我流の教育方法が――そこは努力しないでも続けられるという居心地のよさのために――広くはびこり、教育者を三流の人間にとどめていた。

二　共有財産にするまで実践の批判・検討は不可欠である、という研究的方法の確立

こんな簡単なことでさえ、これが確立して社会に通用する形になるためには、法則化運動の誕生を待たなければならなかった。

読まれない教育書、読まれない学校の研究紀要を思い出していただきたい。批判・検討

をしてそれを次の実践・研究に生かしていくということは、数少ない例をのぞいてほとんどなかったのである。あったのは、「批判・検討」の名を借りた「おしゃべり」会であった。日教組全国教研が毎回一万人もの人を集めながら、その成果がほとんど普及しなかったのも、附属小、各学校の研究の紀要が、その努力にもかかわらず、ほとんど普及しなかったのも、「批判・検討」の名に値しなかったからである。

多くの附属小公開発表では、「意見を言う」「反対を述べる」ことはつつしむべきことだ、と公然と言われていた。

最近、各学校の「研究紀要」「指導案」の書き方が急変している。他に分かち伝えられることを意識しての変化である。発問・指示が明示されつつある。これはむろん、法則化運動の問題提起が受け入れられたためのことである。法則化運動を知らない層まで、私たちの主張は広がってきているのである。法則化運動は、スタンダードになってしまったのだ。

デューク・エイセスが温泉に入っていると、「いい湯だな」という曲が聞こえてきた。それを聞いたお客が「これはいい曲だ。昔から好きだった」と言ったという。

実はこの曲は、この半年前にできたばかりなのだ。確かに「いい湯だな」という曲は一度聞いただけで、昔から自分が知っているような気になる。そういう気にされながら、国民全体に広がり残っていくスタンダードナンバーである。

指導案に「指示」「発問」を入れること、それを枠組で書くこと。あるいは「研究紀要」を具体的に表現すること――これらはすべて、法則化運動が提案したことである。

それ以前のものと比べてみればこの重要性はいっぺんに理解されよう。

「指示」「発問」「枠組」「具体的表現」などは、法則化運動の提案であるにもかかわらず、いつの間にか「自分は昔からそうだった」という気にさせる。そして広がっていく。

最近起きている、「指導案の書き方の変化」「研究紀要の書き方の変化」は、きわめて大きい出来事だと思っている。

そして、もう一つ。

三　共有財産はすべての教師の参加によって創られる、という学問的組織の確立とシステムの設置

このことなくしては真の教育研究は進まない。

これをやるのは――むろん私ではない――と思っていた。こんなに巨大な運動を、私が

できるわけがなかった。どこかの大学か研究所、あるいは大きな研究団体がやってくれるものと思っていた。

しかしどの人も、私が右に述べた「三つの問題提起」の意義を感じてくれた。わずかに、跳び箱論争の相手であった小林篤氏が「何を言っているのか分からない」という意味の批判をされただけのことである（小林氏は私が訴えたいその点に注目して下さった。これは、きわめてありがたいことであった）。研究者や教育団体のほとんどの人は、私が主張していることの意味さえ分からなかったのである。

だから私は、たった一人で、そう、たった一人で、右の三つを解決するための行動を起こすことにした。誰もやってくれないのなら、自分がやるしかないと思ったのである。

これが教育技術の法則化運動である。

私は、明治図書出版からの第一回の原稿依頼に、私の人生の基本方向ともいうべきことを書き尽くした。そして一人の教師としての行動を始めた。私にあったのは「京浜教育サークル」という、東京の片隅の名もない小さな研究会だけであった。

後に法則化運動に具体化する「教育への志」は、こうして船出した。

第4章

若き日の教師修業

斎藤喜博、戸田唯巳、向山洋一の三人に共通する教師修業の秘訣は何か？

斎藤喜博、戸田唯巳、向山洋一は、小学校教師である。三人とも多くの著書を出版した。その意味では、戦後の代表的な小学校教師と言ってよいだろう。

教育雑誌を月に五冊以上は読む知性的な青年教師なら、三人の名前を知っているはずである。本をほとんど読まない教師でも、三人のうち一人ぐらいは知っているだろう。

この三人は、生まれた場所も、実践した地域も、活動した年代もすべてちがう。共通なのは、三人とも小学校の教師であったこと、そして数十冊の著書を出版するような活動をするようになったということの二点である。

ところがこの三人の教師は、新卒の時、全く同じ教師修業をしていた。これは注目すべきことであり、分析する価値のある事実である。

そこで、クイズ授業ゼミナールである。

斎藤喜博、戸田唯巳、向山洋一の三人の教師は、新卒時代どのような教師修業をしたのだろうか。

一度、本を閉じて想像していただきたい。

若い教師なら、ぜひご自分の場合と比べていただきたい。

「斎藤喜博も戸田唯巳も向山洋一も同じ教師ではないか？　自分と同じ教師ではないか？　自分だって、やっているはずである、考えつくはずである」と、思われる方々も多いだろう。ぜひ挑戦していただきたい。

別に、とりたててすごいことをやっているわけではない。ごくごく当たり前のことをやっていたにすぎない。

「毎日、指導案を書いていたのではないか」と、考えられた方もいよう。確かに、そのようなことは三人ともそれぞれの方法でやっていただろう。

「教えることについて調べておく」。こんなことは、当たり前のことだからである。ただし、三人とも「校長先生に見てもらうから、ボロの出ない書き方をしよう」などとは、多分思わなかったはずである。

三人とも、そんなつまらないことに「気配り」はしていない。三人の「気配り」は、子供に向けられていたのである。

もう一度問う。三人は何をしたのだろうか?

ことの順序として、私の場合から語ろう。私は拙著『斎藤喜博を追って』(一九七九年、昌平社、一九八六年『教師修業十年』〈明治図書出版〉として改訂版刊行)の中で、次のように述べた。

一　放課後の孤独な作業

子供が帰った教室はひっそりとしていた。誰もいない教室でただ一人、ぼくは机を順番に見ながら、子供たちの顔を思い浮かべていた。その日の出来事を再現するためであった。「吉田、田中、小泉……」座席ごとに子供の顔を思い描いた。

昭和四三年四月、ぼくは新卒教師で三年生の担任であった。羽田飛行場に近い東京都大田区立大森第四小学校が、ぼくの教師出立の場所であった。

机を見ながら子供の名前を言っていくうちに、何度もつっかえた。子供の名前がすっと出てこないのである。そんな時、自分自身が無性に腹立たしかった。机を見ながら、子供の顔と名前とが、すっと思い出せるまでに一週間の日時が必要であった。

その次から、座席を見ながら子供と話したことを思い出そうとした。印象的なことはすぐに思い浮かんだが、日常的なあれこれの言葉はなかなか出てこなかった。本日のも昨日のも一昨日のも、ごちゃごちゃになっていた。「社会科の時に一五名ぐらい発言したが……」と思っても、一四名なのか一五名なのか一六名なのか、はっきりしなかった。「遊びながらおしゃべりをしたが……」と思っても、何のことだったか鮮明に浮かんでこなかった。子供たちの意見も、ぼんやりとしか思い出せなかった。

子供たちの発表をぼんやりとしか思い出せなければ、その日の授業の反省もあいまいなものにならざるをえなかった。それは自分自身の仕事をいいかげんですませておくことであった。ぼくには耐えられないことであった。教師になったのは、生きる糧を得ることと共に、その仕事に自分の人生があるように思えたからだった。ぼくはだらしない人間だが、自分の人生そのものがいいかげんでよいと思うほどにはさめていなかった。

この部分について安彦忠彦氏は、『授業研究』誌で論じたことがある。そして私について論じた安彦氏の文章について、斎藤喜博氏は『開く』二八集（一九八一年）の中で、次のように言及した。

愛知教育大学の安彦忠彦氏は、「授業研究」昭和五五年一一月号の「どうすれば授業で子供が見えてくるか」という氏の文章のなかで、「この点では向山洋一氏の努力の姿が非常に参考になると思われる」と言って、向山洋一という人の文章を次のようにあげている。（向山の引用文章省略）

安彦氏が引用したものは、安彦氏の文章の注によると、――向山洋一『斎藤喜博を追って』昌平社、一九七九年――という本のなかにあるのだというが、私はこの本をみたこともないので、安彦氏の引用にしたがって引用した。また安彦氏が、「向山洋一氏の努力の姿が非常に参考になる」と書き、「このような地味なレベルの『子どもを知る』こと、そしてそうしようという『意志の持続』を抜きにして、『子どもの事実から学ぶ』ことも『子どもが見える』こともあまり高い質のものになるとは思われない。」と書いていることにも賛成である。

これとはまったくかかわりのないことなのであろうが、私にもまた同じような文章がある。昭和一六年六月に初版が三崎書房から発行された私の『教室愛』の巻末にある「自戒」という文章である。これは国土社から出ている『斎藤喜博全集』では第一巻（一九六九年一〇月初版）の一九三頁に出ている、次のものである。

——子どもの帰った放課後の教室に、その日接した子どもたちの顔を思い浮かべてみよ。

Aはほめた、Bは叱った、Cには本を読ませた。Dにはお使いをたのんだ。Eには学習の助けをしてやった。けれども、きょう、Fには何をしてやったであろうか。Hには何をしてやったのであろうか。私からきょう一日、一度もふりむかれことばをかけられなかったFやHは、きょうどんな心で学校から帰って行ったのであろうか。そして明日、どんな心で学校へ出てくるのであろうか。

私は毎日、もっともっとこんなふうに反省し、自戒しなければならない。そして自分自身を訓練しなければならない。

毎日、どの子の心にも、温かい教師の心をふれしめなければならない。そして全体の子どもに、「先生は誰でも可愛がっているのだ」という、安心と喜びとを与えてやらなければならない。

私と斎藤氏は、ほとんど同じことをやっていたのである。しかし、これは全くの偶然である。『教室愛』が出版されたのは、昭和一六年(一九四一年)であって、私はまだ生まれていない。私は一九六七年に教師になった。そして、先の教師修業をする。教研集会などに発表する。『教室愛』が『全集』に入って出版されたのは一九六九年一〇月であるから、私はすでに先の修業を終わりかけていたのである。

偶然ということがお分かりいただけよう。

さて、戸田唯巳氏の場合である。私は、ごく最近知ったのである。『学校経営』誌一九八五年九月号に、戸田氏の次の文が載ったのだ。

1

私が『学級というなかま』という本を出してから三〇年近くになります。今は『教育実践記録選集〈新評論刊〉』の中におさめているのですが、その中に次のようなことを書いています。

――私は毎日、子どもが帰ってしまうと、教壇に椅子を持ち出して腰をおろしました。そして、だれもすわっていない子どもの席を一つ一つ追いながら、その席にすわっている子どもの姿を思い浮かべました。その日一日の、その子の様子を思い出してみるのです。ひとりでも思い出せなかったら、私は「しまった」と思うのです。きのうやおとといの印象ではいけないのです。ところが嘘のようですが、どうしてもその日その日の鮮やかな印象が浮かんで来ない何人かが、私には残るのでした。

ぼうっと学校に出て来て、ぼうっと授業を受けて、教師に何の印象も残さずに、ぼうっと帰って行く子ども――私はたまらなくなってくるのです。それは子どもがぼうっとしているのではないのです。教師である私がぼうっとしていることが多いのです。〈中略〉

私は「しまった」と思います。そして、「きょう思い出せなかった子ども――豊・和子・祐三」というように思い出せなかった子どもの名を、毎日メモに書きこみました。そしてその翌日は、豊・和子・祐三だけは、どんなことがあっても見落とさないように気をつけました。これを毎日繰り返しているうちに、次第に思い出せない子が少なくなってきました。けれども……（後略）

というようなことを書いているのですが、私がこんなことをし始めたのは、担任教師としての自分のぼんやりさに気づいたからでした。

毎日子どもと接しながら、しかし一人ひとりの子を大事にと心がけながら、なお、子どものその日の様子すら思い出せない。それもたった今、サヨウナラと言って別れたばかりなのに思い出せない。そんな子どもを毎日幾人もつくっているというぼんやりさにです。

気づくことができたら、まあ、よかったと思ったのですが、それまでいったい何をしていたのかと思うと、痛いほどこたえるものがありました。そのぼんやりさをいくらかでも自覚してやっていたなら、こたえ方も少なかったでしょうが、何しろ精いっぱいやっているつもりでしたから、痛みは大きかったのです。

毎日子どもに接しているつもりでした。担任学級の子どものことなら、ほかのだれよりもよく知っているつもりでした。けれども、気がついてみると、つもりはそのままつもりのままでした。

その時私は「……のつ、も、り、でいることの怖さ」を知らされた思いがしました。

戸田氏の場合でも、斎藤喜博氏や向山と全く同じである。子供が帰った教室で、椅子を見ながら一人一人の子供を思い出しているのである。戸田氏の本は、一九五〇年代に出されたものだという。年代から考えれば、戦争前の斎藤喜博の『教室愛』が最も古く、次いで、戸田氏の『学級というなかま』は、戦後のニューウェイヴとして誕生することになる。が、戸田氏も『教室愛』はその時、知らなかったのではないかと思う。戦争前の本なのだ。

偶然に同じことをしていたのだろう。

このように、斎藤喜博、戸田唯巳、向山洋一は「子供たちの帰った教室で一人一人の子供を思い出す」という課題を自分自身に課していた。

私はなぜそのようなことをしたのか。『教師修業十年』の続きの文章を紹介しよう。

来る日も来る日も、子供の帰った机を見ながら、その日の会話を思い出す作業を続けた。やがて、少しずつ思い出せるようになっていった。しかしそれは、実に遅い進歩であった。

ちょっとしたことをはっきりさせようとすると、子供の言葉はすぐ霧の中に逃げてしまうのだった。逃げていく子供の言葉を必死でとらえようとするこの作業は孤独なものだった。たった一人のこの作業を、途中で何度止めようとしたかわからなかった。そのたびに、他の職業の人を思い描いた。〈野球で打者は投げられた球を静止してとらえるではないか〉〈実況放送のアナウンサーは、電車の中から商店街の店々を見分けるではないか〉〈オーケストラの指揮者は、あの音の洪水の中から違う音を指摘するではないか〉と。ぼくにも、一日の子どもの言葉が思い出せないはずはないと自分に言い聞かせて、放課後の日課を続けたのだった。

ぼくにとって長い時間の末、子供たちの発言がくっきりと思い出せるようになってきた。その時の子供の表情もまわりにいる子の表情も見えるようになってきた。それは思い浮かぶのではなく、向こうからおしよせてくるのだった。鮮明に像が浮かびあがり、それと関連した場面が次々と浮かび、そして全体の姿がくっきりと映し出されるのであった。ぼくは、玄人の腕はどれほど資質のある素人でも真似られないと考えていた。素人が真似できないからこそ、玄人の誇りがあると考えていた。素人の力は、しょせん持ち味であり器用さにすぎないのである。玄人の力は長い間にわたる修業の結果なのである。

アマの力は器用さであり、プロの力は技術なのである。およそ、職業と名のつくものはすべて、この修業の時期を経て一人前になる。職業として通用する腕は、どれほど気のきいた素人でも真似られるものではないからだ。

しかし、残念ながら教師の世界ほどこの修業が少ない世界はない。教員の免許状は最低の条件を有していることにすぎないのに、なぜかそこで止まっている場合が多い。自分の腕をみがく研究授業でさえ、年に一度もしない人も多くいるのが実情なのだ。どの仕事にも、その仕事の腕を伝えていく教育の方法があるのに、皮肉なことに教師の世界では仕事の腕を伝えていく方法がはっきりしていないのだ。教師の世界に、教師自身の教育が不在なのである。それに近いのである。数少ないきたえの入った人に出会い教えを乞うか、自分で自分にきびしく課して、具体的な努力を続けるしかないのである。ほとんどの教師は、その出立にあたってこうした決意をしたはずであった。だが、多くの教師は日常の生活の中でそうした決意を忘れ、年を重ねていくのである。〈年をとった教師が必ずしも腕のよい教師ではない〉と、よく言われることも、このことの一つの証しである。

ぼくは、教師を自分の仕事とする限り、泣きの入った腕をもたなくてはならないと思っていた。どれほどすぐれた持ち味のある人でも手が届かない境地に立ちたいと思っていた。そのためには、自分で努力するしかなかった。それがどれほど遅々たる歩みでも、一つまた一つと自分を鍛えていくしかなかった。その一つが、放課後に座席を見ながら子どもの顔や言葉を思い出すことだった。そんな気のきかないことでも続けているうちに、顔の表情や指先の動きさえわかるようになっていった。指先のかすかな動きに、子どもの意志を感じられるようになっていった。それまでに、三年の歳月が流れていた。

（『教師修業十年』）

教師なら、「授業の腕を上げるために努力するのは当たり前」と、私は思っている。人様に言うのが恥ずかしいくらい当たり前のことだと思っている。

しかし「教師修業」をしない教師がまかり通っているのも事実である。「本を読まない」ことを公言できるほど、知的水準が低いのも事実である。

しかし私は、こういう状況に対して抗いたい。

教師の仕事は知的なのだということを常識にしたい。

教師の技量は、修業の結果なのだということを常識にしたい。

不勉強な教師が、心の底から向山に憎しみを覚えるほどに、あるいは自らの教師の生き様を恥ずかしいと思うほどに抗いたい。

かつて、すぐれた実践家は、やはり多大な努力を重ねていた。

このような教師としての腕を上げるための努力こそが、子供たちに対する何よりの誠実さなのである。


口先だけの「子供を大切にする」という発言。

口先だけの「教育論」の主張。

思いつき程度の「教室でのあれこれの工夫」。

そんなものとは訣別すべきだ。

私たちは、教育のプロなのだ。

教育のプロだと、胸を張って主張できるものを、自らの内に積み上げるべきだ。

教育の事実に対する細心の配慮と、異なる見解に対する最大限の理解を持ちながら……。

解説

教師の基礎体力は、授業力と主張力

山口県下関市立楢崎小学校　河田孝文

一　ヒーロー向山洋一

初めて向山洋一氏の文章を読んだとき、脳からアドレナリンが大量放出された。

「教師って、こんなに面白いんだ！」「オレにもやれるかもしれない」

当時、現場にも授業にも絶望を感じていた。

「一日六時間、子ども達の前に立ち、面白くもない授業をする。放課後は、その他の仕事をこなして学校を出る。学期末になれば、通知表を作り、特に根拠のない、面白くもない話を保護者にする。こんなことが、これから三〇年以上も続くのか……」

「スポットライトから遠いこの場所で、毎日同じことを繰り返して教師人生は終わるんだろうなあ」

「面白い授業ができない。子どもは、全然楽しそうじゃない。できるようにもならない。先輩に聞いても『そのうちこなせるようになるよ』というアドバイスしかもらえない」

授業の手ほどきをしてくれる先生は、いなかった。

そんな時、大学の先輩から紹介してもらった『国語の授業が楽しくなる』（向山洋一著）を読んだ。

「教師の世界に、こんなにすごい人がいたんだ！」

活字の世界で出会った教師「向山洋一」は、ステージでスポットライトを浴び、燦然と輝くロックスターだった。

日本の空手界に革命を起こし、新しい世界を構築した極真会館の大山倍達に見えた。

顔も知らない、活字を介しただけの人物から受けるこのワクワク感は何だ?!

この瞬間から、「教師の世界は面白い！」と価値観が一八〇度転換した。

そして、「自分もあの場所に行きたい。立ちたい」と秘かな目標を作った。

それからは、「向山洋一」と名の付く本、雑誌は、片っ端から買いあさった。そして、一気読み。氏が紹介する本も大人買いした。もちろん法則化シリーズも全巻そろえた。

追試を片っ端からやり、授業への手ごたえを少しずつ感じるようになる。同時に、全く好感触が得られず、授業の難しさ奥深さも痛感する。こっちの方が多かった。

そして、法則化運動の門をたたいた。

法則化サークルでは、論文の書き方を学び、模擬授業で基礎・基本を叩き込む。

法則化に参加して一〇年、褒められたことは、一度もなかった。

それでも続けてこれたのは、向山氏のいる場所に行きたいという強い憧れがあったから。

二　革命家　向山洋一

向山氏に出会ってから、授業の価値観が大きく変わった。

大人買い、一気読みをしてから、教師としてのスタンスが変わった。

教師は、学校という組織に所属し、その枠組みの中で仕事をしていく。そう思っていた。

組織という枠組みそのものは、変わらないと思っていた。いや、「変わる、変わらない」ということさえ考えもしなかった。

枠組みという制約の中で、楽しい授業をするのが使命と思っていた。

しかし、向山氏はまるで違っていた。

枠組みそのものに異議を唱える。そして、壊し、全く新しい枠組みを作ってしまう。

一教師が、大きな組織に挑み、崩し、新しく作り上げることができる。平成二八年度文科省プログラムをＴＯＳＳが全面プロデュースするというニュースは、その象徴である。

教師は、授業が上手くなくてはならない。論文が書けなくてはならない。そして、論争ができなくてはならない。

本書は、教師の素養である論文・論争に特化している。

現場や授業にどのように問題意識を持ち、主張していくのか。また、現状を変えていくためにどのように論争をしかけ闘っていくのかが、実況中継されている。

授業が上手くなるのは教師としての最低条件である。その上で、現状を変えていく意思と気力と技術も必要である。

三　希望の光　向山洋一

本書を手掛かりに、現場のシステムに提案を続けてきた。校務分掌という立場から。

例えば、生徒指導という立場から提案した「学校生活の十カ条」「学習用具のきまり」「生徒指導委員会の設置」。学力向上という面から提案した「必達目標状況テスト」等々。

また、授業への提案は、指導案の中に主張として明記した。「教科書を教える算数授業」「国語の学力を蓄積させる分析批評の授業」等の論文としての主張と、授業と子どもの事実を通して、現場は、確実に変わった。

大切なのは、問題意識を持って現場を見る目。そして、声を上げる気力。それを主張するための書く力。本書には、それら全てが詰め込まれている。

討論の授業を成功させる鍵は、向山氏の論争の中にあった

西尾　豊

討論の授業を初めて知ったのは、新卒二年目で参加したセミナーだった。『はばたき』という詩を扱ったもので、メインの発問は「舞い降りてくるのは『羽』か『雪』か」だった。知的な発問に脳ミソがフル回転し、やりとりされる意見を聞きながらさらに脳ミソが汗をかくほどに興奮したのを覚えている。この授業をクラスの子供にもやりたい、と考えた。討論で扱われた教材が自分が担任している学年のものだったので、早速教室で追試してみた。発問を投げかけた時、子供たちは「どっちだろう?」と悩んだ。ここまではイメージ通りだった。しかし、そこからの討論がうまくいかなかった。子供の発言が続かない。出てくる意見がうまく噛み合わない。自分が受けて興奮していた模擬授業とは、程遠いものだった。子供たちは「どっちが正解か分からなくて、それが面白かった」と言っていたが、自分としては納得のいかない授業であった。

討論の授業は「高段の芸」と言われるが、挑戦しないことには始まらないので、国語に限らず、様々な教科で討論に挑戦した。いろいろな書籍を読んだり、セミナーに参加したり、

サークルで検討したりして、「討論を成立させる技術」は少しずつ自分に身についていった。それでも、討論に何かしらの物足りなさを感じることは多かった。子供たちの意見は途切れなく続くが、本筋から外れ、教師が介入して修正しなければならなかったり、その軌道修正に時間がかかったり、ということが結構あった。

本書は、向山氏が行ってきた「論争」について書かれたものである。しかし、読みながら真っ先に頭に浮かんできたのは、先に書いたような自分の討論についてだった。そして、自分の討論指導に何が欠けていたのかが、本書を読みながら見えてきた。

第二章から始まる「跳び箱論争」で、向山氏は繰り返し次の問題提起を取り上げている。

跳び箱を跳ばせられることが、教師の常識にならなかったのはなぜか

なぜ、このことを繰り返すのか。それは、論争相手の研究者がことごとくこの問題提起に正対した答えをしてこないからである。ある時は論理をすり替え、ある時は別の話題を持ち出し、ある時は向山氏の実践を(おそらく意図的に)誤読し、この問題提起に対しての答えを避けている。向山氏はそれに対して、相手の論理を一つ一つ取り上げながら、「こ

こがおかしい」「ここが誤読だ」と批判している。そして、先の問題提起に戻るのだ。

過去の自分の討論に欠けていたもの、その大きな一つは『その討論で話題にしていることは何か』を教師が把握し、常にそこから論がずれないように整理すること」だったのだ。「子供の意見が途切れなく続く」という、言わば「枝葉」の部分に目が行きすぎ、「論が嚙み合う」という「幹」「本質」の部分まで十分に目が行かなかったのだ。

しかし、私も「論が嚙み合わない」ことを良しとしていたわけではない。そのことは意識していたつもりではあった。では、私が「論が嚙み合わない」状態を正せなかった原因は何か？　それは、その教材に対しての研究不足であり、子供たち一人一人の論を分析的に聞けていなかったことだ。

向山氏は相手の論理がずれていることを、様々な形で指摘している。


これは次の例と同じで、相殺法による強弁である。

「政策攻撃から首相の個人攻撃に移った野党の追及の呵責なさに、母性本能を刺戟された(?)某女流作家が、次のような趣旨の発言をしたことがある。

『あの人を極悪人のようにいうのはどうかと思います。何かよいところもあるはずで、たとえば毎朝歯をみがくかもしれない』（野崎昭弘『詭弁論理学』中公新書）」

これ以外にも、W・C・サモンの『論理学』やラビ・ハニナ・ベン・ドーサの言葉を引用するなど、圧倒的な知性をもって論理を展開している。

また、次の表現から跳び箱論争に関係する様々な指導法にも精通していることが分かる。

なお、現在、全国には体重移動を体感させる技術は粗く言って四種あり、そのうちの三つを本誌九月号の拙論で紹介した。

向山氏は、跳び箱論争に参加する上で全国の跳び箱指導に関する研究紀要を集めている。だから右のようなことを言えるのだ。自分は子供に討論をさせる時、その教材について、そこまでの深い研究をして挑んでいるか？　答えは「否」としか言えない。

向山氏の論争に触れることで、向山氏の実践の峰が一段と高く見えた。しかし、それでもなお追いかけたい、と思わせる魅力もまた、この論争にはある。何度も向山氏の論争を読みこみ、自分の実践に生かしていきたい。

学芸みらい教育新書 ⓲

授《じゆ》業《ぎよう》力《りよく》上《じよう》達《たつ》の法《ほう》則《そく》3

向《むこう》山《やま》の教《きよう》育《いく》論《ろん》争《そう》

2016年9月1日　初版発行

著　者　向山洋一《むこうやまよういち》

発行者　青木誠一郎

発行所　株式会社学芸みらい社

〒162-0833 東京都新宿区箪笥町31 箪笥町SKビル

電話番号 03-5227-1266

http://gakugeimirai.jp/

E-mail：info@gakugeimirai.jp

印刷所・製本所　藤原印刷株式会社

ブックデザイン・本文組版　エディプレッション（吉久隆志・古川美佐）

ISBN978-4-908637-22-3 C3237

学芸みらい社　既刊のご案内

書　　名	著者名・監修	本体価格
教育を未来に伝える書		
あなたはこども？ それともおとな？　思春期心性の理解に向けて （シリーズ　みらいへの教育３）【全国学校図書館協議会選定図書】	金坂弥起	1,800円
大丈夫、死ぬには及ばない　今、大学生に何が起きているのか （シリーズ　みらいへの教育２）	稲垣 諭	2,000円
奇跡の演劇レッスン「親と子」「先生と生徒」のための聞き方・話し方教室 （シリーズ　みらいへの教育１）	兵藤友彦	1,500円
かねちゃん先生奮闘記　生徒ってすごいよ	兼田昭一（著）	1,500円
すぐれた教材が子どもを伸ばす！	向山洋一（監修）甲本卓司＆ TOSS教材研究室（編著）	2,000円
教師人生が豊かになる『教育論語』 師匠 向山洋一日く　――１２５の教え	甲本卓司(著)	2,000円
向山洋一からの聞き書き　第2集　2012年	向山洋一(著)　根本正雄(著)	2,000円
向山洋一からの聞き書き　第1集　2011年	向山洋一(著)　根本正雄(著)	2,000円
バンドマン修業で学んだ　プロ教師への道	吉川廣二(著)	2,000円
向こうの山を仰ぎ見て	阪部 保(著)	1,700円
教育の不易と流行	ＴＯＳＳ編集委員会(編さん)	2,000円
アニャンゴ（向山恵理子）の本		
翼はニャティティ　舞台は地球　【全国学校図書館協議会選定図書】	アニャンゴ（著）	1,500円
アニャンゴの新夢をつかむ法則　【全国学校図書館協議会選定図書】	向山恵理子（アニャンゴ）（著）	905円
もっと、遠くへ　【全国学校図書館協議会選定図書】	向山恵理子（アニャンゴ）（著）	1,400円
一　般　書		
雑食系書架記	井上泰至(著)	1,800円
日本人の心のオシャレ	小川創市（著）	1,500円
信州倶楽部叢書		
意志あるところに道は開ける	セイコーエプソン元社長 安川英昭（著）	1,500円
ノブレス・オブリージュの「こころ」	文化学園大学 理事長・学長 大沼 淳（著）	1,500円
シェスタシリーズ		
父親はどこへ消えたか　-映画で語る現代心理分析-	樺沢紫苑（著）	1,500円
国際バカロレア入門　融合による教育イノベーション	大迫弘和（著）	1,800円
ノンフィクション		
銀座のツバメ　【全国学校図書館協議会選定図書】	金子凱彦（著）佐藤信敏（写真）	1,500円
二度戦死した特攻兵　安部正也少尉	福島 昂（著）	1,400円
児　童　書		
超救助犬リープ　【全国学校図書館協議会選定図書】 【日本図書館協会選定図書】【埼玉県推奨図書】	文：石黒久人 絵：あも～れ・たか	1,300円
絵　　本		
流れ星のねがいごと	大庭茅里(作・絵)	1,200円

学芸みらい社

学芸みらい社　既刊のご案内

	書　　名	著者名・監修	本体価格
	教科・学校・学級シリーズ		
学校・学級経営	中学の学級開き　黄金のスタートを切る3日間の準備ネタ	長谷川博之（編・著）	2,000円
学校・学級経営	“黄金の1週間”でつくる　学級システム化小辞典	甲本卓司（編・著）	2,000円
学校・学級経営	小学校発ふるさと再生プロジェクト 子ども観光大使の育て方	松崎 力（著）	1,800円
学校・学級経営	トラブルをドラマに変えてゆく教師の仕事術 発達障がいの子がいるから素晴らしいクラスができる！	小野隆行（著）	2,000円
学校・学級経営	ドクターと教室をつなぐ医教連携の効果　第２巻 医師と教師が発達障害の子どもたちを変化させた	宮尾益知（監修）　向山洋一（企画） 谷　和樹（編集）	2,000円
学校・学級経営	ドクターと教室をつなぐ医教連携の効果　第一巻 医師と教師が発達障害の子どもたちを変化させた	宮尾益知（監修）　向山洋一（企画） 谷　和樹（編集）	2,000円
学校・学級経営	生徒に　『私はできる！』　と思わせる超・　積極的指導法	長谷川博之（著）	2,000円
学校・学級経営	中学校を「荒れ」から立て直す！	長谷川博之（著）	2,000円
教師修行	教員採用試験パーフェクトガイド　「合格への道」	岸上隆文・三浦一心（監修）	1,800円
教師修行	めっちゃ楽しい校内研修 一模擬授業で手に入る“黄金の指導力”	谷 和樹 ・ 岩切洋一 ・ やばた教育研究会（著）	2,000円
教師修行	フレッシュ先生のための　「はじめて事典」	向山洋一（監修）　木村重夫（編集）	2,000円
教師修行	みるみる子どもが変化する　『プロ教師が使いこなす指導技術』	谷 和樹（著）	2,000円
道徳	「偉人を育てた親子の絆」に学ぶ道徳授業 〈読み物・授業展開案付き〉	松藤 司＆チーム松藤（編・著）	2,000円
道徳	子どもの心をわしづかみにする　「教科としての道徳授業」　の創り方	向山洋一（監修）　河田孝文（著）	2,000円
道徳	あなたが道徳授業を変える	櫻井宏尚（著）　服部敬一（著） 心の教育研究会（監修）	1,500円
国語	先生も生徒も驚く日本の「伝統・文化」再発見２ ～行事と祭りに託した日本人の願い～	松藤 司（著）	2,000円
国語	先生も生徒も驚く日本の「伝統・文化」再発見 【全国学校図書館協議会選定図書】	松藤 司（著）	2,000円
国語	国語有名物語教材の教材研究と研究授業の組み立て方 〔低・中学年/詩文編〕	向山洋一（監修）　平松孝治郎（著）	2,000円
国語	国語有名物語教材の教材研究と研究授業の組み立て方	向山洋一（監修）　平松孝治郎（著）	2,000円
国語	先生と子どもたちの学校俳句歳時記 【全国学校図書館協議会選定図書】	星野高士・仁平勝・石田郷子（監修）	2,500円
社会	アクティブ・ラーニングでつくる新しい社会科授業 ニュー学習活動・全単元一覧	北俊夫・向山行雄（著）	2,000円
社会	教師と生徒でつくるアクティブ学習技術 「ＴＯＳＳメモ」の活用で社会科授業が変わる！	向山洋一・谷 和（企画・監修） 赤阪 勝（著）	1,800円
社会	子どもを社会科好きにする授業 【全国学校図書館協議会選定図書】	著者：赤阪 勝	2,000円
理科	子どもが理科に夢中になる授業	小森栄治（著）	2,000円
英語	教室に魔法をかける ！　英語ディベートの指導法 一英語アクティブラーニング	加藤 心（著）	2,000円
音楽	子どもノリノリ歌唱授業　音楽+身体表現で　“歌遊び”　68選	飯田清美	2,200円
図画・美術	ドーンと入賞！”物語文の感想画”　描き方指導の裏ワザ２０	河田孝文（編・著）	2,200円
図画・美術	絵画指導は酒井式 パーフェクトガイド 丸わかりDVD付！酒井式描画指導の全手順・全スキル	酒井臣吾 ・ 根本正雄（著）	2,900円
図画・美術	絵画指導は酒井式で！　パーフェクトガイド 酒井式描画指導法・新シナリオ、新技術、新指導法	酒井臣吾（著）	3,400円
体育	子供の命を守る泳力を保証する 先生と親の万能型水泳指導プログラム	鈴木智光（著）	2,000円
体育	全員達成！　魔法の立ち幅跳び 「探偵！ナイトスクープ」のドラマ再現	根本正雄（著）	2,000円
体育	世界に通用する伝統文化　体育指導技術 【全国学校図書館協議会選定図書】	根本正雄（著）	1,900円
算数・数学	数学で社会／自然と遊ぶ本	日本数学検定協会　中村 力（著）	1,500円
算数・数学	早期教育・特別支援教育　本能式計算法	大江浩光（著）　押谷由夫（解説）	2,000円

2016年3月

学芸みらい社